电子商务类专业·创新型人才培养系列教材

移动营销

邓金梅 ◉ 主编

人民邮电出版社

北 京

图书在版编目（ＣＩＰ）数据

移动营销 ：慕课版 / 邓金梅主编. -- 北京 ：人民
邮电出版社，2021.4（2021.12重印）
电子商务类专业创新型人才培养系列教材
ISBN 978-7-115-55968-5

Ⅰ．①移… Ⅱ．①邓… Ⅲ．①网络营销－高等学校－
教材 Ⅳ．①F713.365.2

中国版本图书馆CIP数据核字(2021)第021277号

内 容 提 要

本书是针对在校学生及企业营销类从业人员研发而成的理论与实践相结合的实用教材。全书共分为九个项目，分别为移动营销认知、移动营销平台搭建、移动广告、二维码与 H5 营销、微信营销、微博营销、短视频营销与直播营销、移动淘宝营销及移动社交媒体营销。本书引用大量现实企业案例，以"项目—任务"体例设计学习情景，全面系统地介绍了移动营销相关基础知识、运营模式、相关技术，解读企业引入移动营销的途径、方法与步骤，旨在培养读者统筹设计移动营销战略的能力，使读者最终形成自身的移动营销知识体系和技能储备，并能根据所学内容完成各种移动营销策划与实施工作。

"移动营销"是电子商务、移动商务等专业的核心课程，也是市场营销、国际贸易、物流管理等经济管理类专业的拓展课程。作为该课程的教材，本书可作为高等院校和职业院校电子商务类及相关专业的教材，也可作为企业在职人员的参考用书。

♦ 主　　编　邓金梅
　　责任编辑　古显义
　　责任印制　王　郁　焦志炜

♦ 人民邮电出版社出版发行　　北京市丰台区成寿寺路 11 号
　　邮编　100164　　电子邮件　315@ptpress.com.cn
　　网址　https://www.ptpress.com.cn
　　大厂回族自治县聚鑫印刷有限责任公司印刷

♦ 开本：787×1092　1/16
　　印张：11.75　　　　　　　　2021 年 4 月第 1 版
　　字数：259 千字　　　　　　2021 年 12 月河北第 2 次印刷

定价：42.00 元

读者服务热线：(010)81055256　印装质量热线：(010)81055316
反盗版热线：(010)81055315
广告经营许可证：京东市监广登字 20170147 号

前　言

随着移动互联网的迅猛发展，移动电商已着实为人们的生活带来了更大的便捷和利益，它的深入开发和成熟应用也使得移动营销逐渐成为主流方式。新型电商人才更应顺应市场的发展，培养与提升移动营销实践的能力和水平。

为了使读者全面、系统地了解移动营销的内涵和实际应用，更快、更好地进入工作，编者集合多年移动营销工作经验与教学经历中积累的理论知识和实战经验，与企业合作将企业化工作流程引入教材之中，形成了这本《移动营销（慕课版）》教材。

本书结合移动电商的发展现状和企业的实际要求进行编写，以培养实战型人才为目标，在梳理现有知识要点的基础上，注重对读者实际操作能力和营销能力的训练，更加科学化、系统化地讲授了移动营销过程中的必备技能，让读者在项目情境中有目的、有问题、有思考地进行学习。

本书以"项目—任务"的呈现形式设置情景，安排任务，导入真实案例分析，进行分项目教学，针对关键知识点与技能点，设置"同步实训"模块，针对移动营销的重要工作内容设置"巩固提升"模块，使读者通过认识、领会和实践三个阶段，加深对移动营销知识的认识与掌握。

全书共分为九个项目，项目一为移动营销认知，主要介绍了移动营销的初步认知、宏观环境与发展趋势、思维与策略；项目二为移动营销平台搭建，主要介绍了微商城搭建、营销 App 设计、微信小程序开发；项目三为移动广告，主要介绍了移动广告认知、移动广告的策划与实施；项目四为二维码与 H5 营销，主要介绍了二维码营销和 H5 营销；项目五为微信营销，主要介绍了微信公众号营销、微信朋友圈营销、微信群营销；项目六为微博营销，主要介绍了微博账号注册与认证、微博定位与营销矩阵的建立、微博内容发布与互动；项目七为短视频营销与直播营销，主要介绍了短视频营销认知、短视频营销策划与实施、直播营销认知和直播营销策划与实施；项目八为移动淘宝营销，主要介绍了微淘应用、淘宝头条应用、淘宝短视频营销、淘宝直播营销；项目九为移动社交媒体营销，主要介绍了移动社交营销认知、垂直社交营销。

同时，本书配套精讲慕课视频，现将本书配套视频的使用方法介绍如下。

1．读者购买本书后，刮开粘贴在本书封底上的刮刮卡，获取激活码（见图 1）。

2．登录人邮学院网站（www.rymooc.com），使用手机号码完成网站注册（见图 2）。

图 1　激活码

图 2　人邮学院首页

3．注册完成后，返回网站首页，单击页面右上角的"学习卡"选项（见图 3），进入"学习卡"页面（见图 4），输入刮刮卡上的激活码，单击"确定"按钮，即可获得慕课课程的学习权限。

图 3　单击"学习卡"选项

图 4　在"学习卡"页面输入激活码

4．获取权限后，读者可随时随地使用计算机、平板电脑或手机进行学习，还能根据自身情况自主安排学习进度。

5．书中配套的教学资源，读者也可在该课程的首页找到相应的下载链接。关于人邮学院平台使用上的任何疑问，读者可登录人邮学院网站咨询在线客服。

本书由江西工业职业技术学院邓金梅教授任主编，谢梦萍、赖园园、朱书琴参与编写。本书在编写过程中得到了北京博导前程信息技术股份有限公司及相关工作人员的大力支持，参考了相关电商网站的资料和书籍，在此一并表示感谢。

虽然编者在编写本书的过程中倾注了大量心血，但恐百密之中仍有疏漏，恳请广大读者批评指正。

编　者

2020 年 12 月

目　　录

项目一
移动营销认知

移动营销是指营销者通过消费者的移动设备向其递送营销信息。随着移动端设备的普及，营销者能够根据人员统计信息和消费者行为特征定制个性化信息，并将其推送给消费者；对于消费者来说，智能手机或平板电脑就相当于一种便利的购物工具，消费者随时可以通过它获得最新的产品信息、价格对比、其他消费者的意见和评论，以及电子优惠券等。

移动营销不再是个体行为，而是一种网络群体行为，所有用户参与营销过程，受众之间相互影响。在营销特点上，移动营销表现为更高的客户细分度、更短的营销渠道以及更强的互动性。本项目将通过引入案例，帮助学生认识移动营销，了解移动营销的宏观环境及发展趋势，更好地掌握和运用移动营销策略。

学习目标

知识目标

1. 理解移动营销的概念；
2. 熟知移动营销的特点；
3. 了解移动互联网的市场和用户环境；
4. 明确移动营销的发展趋势。

能力目标

1. 初步具备移动营销思维；
2. 能够根据不同的移动营销模式搜集对应案例；
3. 掌握移动营销策略的运用方法；
4. 具备使用移动端设备进行简单营销的能力。

项目情景

文宇是一名即将毕业的电商专业大学生，面临着要找工作的难题。文宇通过网络查阅了很多关于本专业就业方向的资料，最终决定以移动互联网行业作为自己今后的发展方向。于是，文宇开始对之前学习过的移动营销知识做全面的回顾与分析，以帮助自己顺利通过面试被录用。

任务一　移动营销初步认知

移动营销是基于定量的市场调研，深入研究目标用户，全面制定营销战略，运用和整合多种营销手段，实现企业产品在市场上的营销目标。那么，文字要想对移动营销有准确的定位和深刻的见解，首先需要对移动互联网有一定的认知。

▶▶▶ 一、了解移动互联网

移动营销是移动互联网的产物，而移动互联网是将移动通信和互联网二者结合起来成为一体，是互联网的技术、平台、商业模式和应用与移动通信技术结合并用于实践的活动总称。5G时代的开启以及移动终端设备的快速发展必将为移动互联网的发展注入巨大的能量，如图1-1所示。

图1-1　5G时代

移动互联网（Mobile Internet，MI）是一种用户可以通过智能移动终端，采用移动无线通信方式获取业务和服务的新兴技术，包含终端、软件和应用三个层面。终端包括智能手机、平板电脑、电子书阅读器等，如图1-2所示。软件包括操作系统、中间件、数据库和安全软件等。应用包括休闲娱乐类、工具媒体类、商务财经类等不同的应用与服务。

图1-2　智能移动终端

我国移动互联网在2018年迎来了20年发展历史中的第四次上市潮，共42家企业上市，其中各垂直领域的公司上市颇受关注，包括小米、美团点评、拼多多、爱奇艺等，如图1-3所示。

图1-3　小米、美团点评、拼多多和爱奇艺的Logo

上市潮背后反映的是行业头部应用程序（Application，App）的用户重合度加剧，对存量市场的争夺也更加激烈。图1-4所示为拼多多和手机淘宝、爱奇艺和腾讯视频、抖音和快手的用户重合度数据，从中可以看出其重合度均较高。

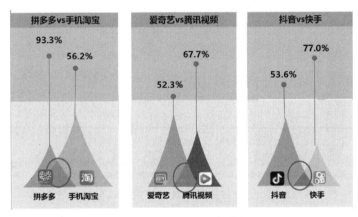

图1-4　用户重合度数据

移动互联网大数据公司QuestMobile的研究显示，2019年，我国移动互联网在社交、视频、电商、理财、出行等几个领域的总体用户量、人均单日使用时长都到了顶峰。其中，2019年3月，移动互联网月活跃用户规模达到11.38亿人，同比增速首次跌至4%以下，如图1-5所示。

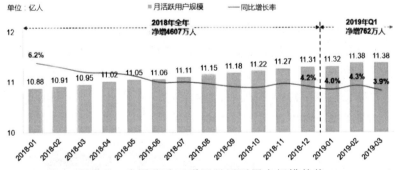

图1-5　我国移动互联网月活跃用户规模趋势

虽然用户规模同比增速首次跌破4%，但时长红利仍在。用户对移动互联网的依赖性越来越高，每天使用移动互联网的时长为6小时左右，同比增长半小时。值得我们注意的是，时长增幅有收窄的趋势，如图 1-6 所示。

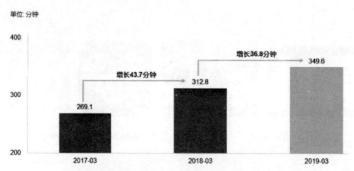

图 1-6　我国移动互联网用户月人均单日使用时长

从报告中可以看出，2019 年 3 月，短视频和综合资讯两个细分行业的用户月总使用时长增长贡献了整体时长增量的一半，如图 1-7 所示。

图 1-7　TOP10 细分行业用户月总使用时长同比增量占比

人们把更多的时间贡献给娱乐内容。娱乐内容消费成为时长增量主要来源，时长增长显著的行业包括短视频、音乐、手机游戏等。

文宇通过查阅以上资料，对移动互联网的发展状况有一定了解后，接下来就要展开对移动营销知识的学习。

▶▶▶二、了解移动营销的概念

移动营销是基于智能手机、平板电脑等移动通信终端，利用互联网技术和无线通信技术来满足企业和用户之间的信息交换、产品服务的过程，通过在线活动创造、宣传、传递用户价值，并且对用户关系进行移动系统管理，以达到企业营销目的的新型营销活动。从微信到飞聊，每隔一段时间便有一款新的聊天软件上市。当前的主流聊天软件有微信、钉钉、千牛、阿里旺旺等，如图 1-8 所示。

图 1-8　主流聊天软件

作为营销信息传播的新方式，移动营销具有以下特点。

1. 高度的便携性和用户黏性

移动终端具有先天的便携性特点，实用有趣的手机应用软件让人们大量的碎片化时间得到有效利用，吸引越来越多的手机用户参与其中。平台的开放也给手机用户更多的个性化选择，基于用户信任机制的推荐将帮助企业打造出主动传播的天然社交网络服务（Social Network Sites，SNS），快速增强用户黏性。SNS用户的关键行为就是浏览、互动、分享，如图1-9所示。

图1-9　SNS用户的关键行为

2. 成本相对低廉

基于移动互联网的移动营销具有明显的优势，以其低廉的成本、广泛的受众规模成为企业提升竞争力、拓展销售渠道、增加用户规模的新手段，并受到越来越多企业的关注。由于其移动终端用户规模大，不受时间、空间限制，移动营销以快捷、低成本、高覆盖面的特点与优势迎合了时代潮流和用户需求，成为新营销时代的一个重大机遇和挑战。

3. 高度精准性

企业可以借助移动互联网在浩瀚人海中锁定与自己项目相匹配的目标人群，并将新信息进行有效传播，借助手机报刊、短信等投放系统，通过精准匹配将信息实现四维定向，传递给相匹配的目标群体，如图1-10所示。

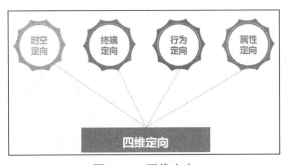

图1-10　四维定向

4. 拉近企业与用户的关系

移动终端的便携性使人们可以随时随地接入互联网，大大方便了企业与用户之间的沟通及互动。通过移动互联网，一方面，企业可以适时发布营销信息，用户则可及时了解此类信息；另一方面，视实际需要，用户可随时通过移动互联网查阅有关信息，还可就感兴趣的商品等咨询企业，而企业则可以对用户的询问做出及时的应对和反馈。简而言之，移动营销可以便利地实现企业与用户之间的良性互动。

5. 强化线上线下（Online to Offline，O2O）运营模式

移动营销不再是传统互联网的线上对线下单向营销，而是线上线下的联动营销，而且这个联动是相互的、双向的，如图 1-11 所示。这个特征使得移动营销的营销模型和传播模型都是循环的，即成交从营销的结束变成了第二次营销的开始。

图 1-11　O2O 运营模式

▶▶▶ 三、认识移动营销模式

文宇结合移动营销的特点，将移动营销分为基于目标用户的精准营销和基于信息分享的社会媒体营销两种模式。

模式一：精准营销

精准营销是企业在充分了解用户信息的基础上，根据其特征和偏好有针对性地开展一对一的营销。移动互联网用户大多数是固定不变的，由此企业可以借助新的网络技术深入洞察用户的兴趣和需求，并建立针对每个具体用户的数据库。企业在分析用户数据的基础上，可根据不同用户的特征及偏好等信息进行精准营销，还可以根据用户的信息反馈有针对性地调整产品及其营销策略，以更好地满足用户的需求。

我们时常在微信朋友圈看到一些广告信息，而每个人接收的广告类型是不完全相同的，如图 1-12 所示。微信朋友圈会根据用户的喜好和关注的兴趣点，以及用户的年龄、特征和需求进行广告的精准推送。

图 1-12　微信朋友圈广告

模式二：社会媒体营销

社会媒体营销以移动互联网用户之间的信息分享为基础，其典型形式是病毒营销、事件营销和体验营销。

1. 病毒营销

病毒营销是一种较常用的网络营销方法，一般用于网站推广、品牌推广等活动中。病毒营销利用的是用户口碑传播的原理，这种"口碑传播"在互联网上尤为方便，可以像病毒一样迅速蔓延。因此，病毒营销是一种高效的信息传播方式，而且是用户之间自发进行的传播，几乎不需要费用。

例如，经典的病毒营销案例——"支付宝-中国锦鲤"，具体活动内容如图 1-13 所示。此活动不到 6 个小时，就已经有 100 万人参与转发，第二天参与转发的人数增加到 200 万。活动公布结果后，迅速登上微博热搜，微信指数日环比大涨 288 倍；中奖用户"信小呆"的微博，一夜暴涨 80 万"粉丝"。

图 1-13　支付宝微博活动内容

在这场活动中，我们看到了"锦鲤"流行背后的狂欢精神和福利刺激下的传播裂变，这两点正是"锦鲤"病毒营销的关键。此外，也得到一些启示：利益、情感和故事是病毒营销的策划主线。企业只有尽早摆脱单纯的产品表述，激发用户内心深处的情结，才能真正启动病毒营销。

2. 事件营销

事件营销是企业通过策划、组织和利用具有新闻价值、社会影响以及名人效应的人物或事件，吸引媒体、社会团体和用户的兴趣与关注，以提高企业或产品的知名度、美誉度，树立良好品牌形象，并最终促成产品或服务销售的手段和方式。

事件营销利用发生的某个或某种事件进行营销传播。移动互联网和社交网络的发展，使人们不再局限于传统的交流方式，信息的获取也不再局限于传统的渠道。用户能通过移动互联网对热门事件进行评论和转发，使热门事件的影响力在极短的时间内以"滚雪球"的形式迅速扩大，这就为事件营销提供了更大的发展平台。企业可以通过策划议题、利用具有名人效应的事件等方式，激发用户的评论及自主传播，使营销信息尽可能达到最佳的传播效果。

例如，2018年国际足联世界杯，法国队夺冠，时隔20年再次捧起大力神杯。随后，作为法国队官方赞助商的华帝股份有限公司宣布"法国队夺冠，华帝退全款"活动正式启动退款流程，历时一个多月的营销活动终于进入收尾阶段，如图1-14所示。

图1-14　事件营销

活动期间"夺冠退全款"指定产品的线下渠道销售额为5000万元，由经销商负责免单退款；线上销售额为2900万元，由华帝总部承担。华帝活动期间销售额约为10亿元，营业利润约为4.3亿元，通过营销获得的利润增长为0.99亿元，完全足以覆盖"夺冠退全款"营销活动的支出，并且小有结余。

毫无疑问，华帝这一次世界杯事件营销之战大获全胜，品牌、销售双丰收。从"法国队夺冠，华帝退全款"的口号开始打响，到经销商"跑路"风波，再到启动退全款，华帝这支厨电界新晋"网红"可谓是风头一时无二。

3. 体验营销

体验营销是企业通过看、听、用、参与的手段，充分刺激和调动用户的感官、情感、思考、联想、行动等感性因素和理性因素，重新定义、设计的一种营销方法。

体验营销通过用户在消费过程中亲身体验产品或服务，来满足用户的体验需求。移动互联网则可使消费体验过程更加人性化和真实化。同时，移动互联网较强的信息交互性，也可使企业在用户体验的过程中收集到充足的信息，为产品和服务的改进提供可供参考的数据。

例如，随着《爸爸去哪儿》第五季热播，网易考拉海购（阿里巴巴旗下以跨境业务为主的综合型电商）借助节目热度，在社交网络引发了一个关于"丧偶式育儿""隐形爸爸"的社会话题讨论，顺势提出"上网易考拉，不做隐形爸爸"，并与小猪短租进行跨界合作推出考拉洋屋民宿，以场景体验的方式来表达产品品质诉求，同时更多的是在向年轻爸爸传递一种生活理念。作为生活方式的倡导者，网易考拉海购深度挖掘日常生活中普遍存在的问题，用暖心"小"爱的方式来传递和实现"大"爱的诉求，最终实现了营销和口碑的双赢。考拉洋屋民宿的活动海报如图1-15所示。

图1-15　考拉洋屋民宿的活动海报

任务二　移动营销的宏观环境与发展趋势

一、移动营销的宏观环境

随着国内政策的有序规划与支持，移动互联网发展越来越迅速，移动营销在国内的发展愈来愈成熟。

1. 市场环境

近年来，随着移动互联网的发展以及国内经济重心的转移，我国对于移动互联网的关注度也越来越高。为了让行业能够健康快速发展，国家相继出台相关政策和法规，以规范行业发展。正是这些政策和法规的支持与规范，进一步促进了我国移动互联网的高速发展。

2018年2月，陌陌收购探探100%股权，进一步强化陌生人社交的领先地位。

2018年3月，爱奇艺及哔哩哔哩3月底赴美上市，大环境及成本压力影响股价走势。

2018年4月，根据相关国际标准化组织的工作安排，5G技术进入加速冲刺阶段，首个5G国际标准版本于2018年6月14日正式出炉；拼多多完成新一轮近30亿美元融资，最新估值超150亿美元。

2018年，出行及外卖领域跨界竞争，滴滴抢占外卖市场，美团进入出行领域；无他相机数据表现优异引收购，图片流量入口价值受到市场关注。

2019年，女性经济独立与自主、旺盛的消费需求与能力意味着一个新的经济增长点正在形成，"她经济"崛起；国内游戏行业面临转折点，内容监管趋严，弘扬正能量打击低俗内容成重点；5G将带来深刻的社会变革，将深入视频娱乐、教育、医疗、汽车、交通等各行各业，满足不同智慧应用场景的需求。

2. 经济环境

近年来国内宏观经济持续增长，国民经济虽然增速放缓，但长期增长的趋势保持不变，人均收入的提高为移动互联网业务的消费和使用提供了经济保障。受运营商流量降费提速策略的影响，手机上网用户对移动电话用户的渗透率有了进一步的增加。2019年上半年，全国手机上网用户数为13亿人，移动电话普及率为82.2%，如图1-16所示。

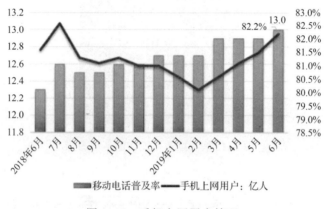

图1-16　手机上网用户情况

电信业、广告业和互联网行业之间的彼此渗透也有效地刺激了移动互联网的良性竞争。图1-17所示为中国网络经济营收增长率。

图1-17　中国网络经济营收增长率

3. 用户和技术环境

随着智能手机的普及和移动基础设施的完善，互联网用户开始向移动端迁徙。相关数据显示，截至2019年上半年，全国手机产量8.09亿台，如图1-18所示。

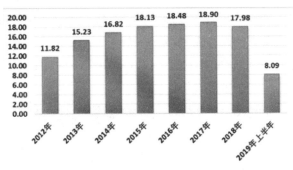

图 1-18　全国手机产量统计

移动互联网改变了社会生活各类经济主体的思维和运营模式，移动营销及时响应移动互联网发展战略，因势而势。从营销关键要素来看，最明显的是技术带来的变化，技术消除了壁垒，透过大数据带来的是受众面更广、投放更准、转化更高等优势，跟随而来的是营销策略的多重组合变化，广告主的目标将更聚焦于增长，内容的打法上社交性和原生性将更强。面对不断涌现的新兴玩法，各个参与方都在不断地适应和探索。"变"一直是互联网最大的特征，但无论趋势怎么变，从移动营销角度讲，营销的本质是理解用户，内核是构建企业和用户的关系，关键在于营销的执行，即在合适的时间做合适的事情。

》》》 二、移动营销的发展趋势

借助良好的移动互联网宏观环境，移动营销已经得到长足的突飞猛进。文宇拜读了很多关于移动互联网和移动营销方面的资料后，对移动营销的发展趋势做了如下梳理。

趋势一：移动电商将继续快速扩张

随着移动支付的不断普及，人们使用现金以及银行卡的频率越来越低。《2019 年全球消费者洞察力调查》显示，在全球范围内我国使用移动支付的用户比例达到 86%，普及率位居全球第一。由此可以看出，我国在移动支付领域的领先优势的确十分明显。

趋势二：5G 给移动营销注入新活力

2019 是 5G 商用的元年，5G 高速、低延时的特性会给众多技术领域带来革命，移动营销领域也不例外。5G 对移动营销的影响同样是非常深远的。在营销视频化的大趋势下，很多加载变成瓶颈的营销素材和形式将冲破束缚，如广告主愿意拍摄 360 度全景视频广告，但局限于网速和文件大小被迫放弃。5G 时代障碍被扫清，会有更多新型营销手段如增强现实（Augmented Reality，AR）营销脱颖而出。

趋势三：竖版视频将成为主流

社交媒体平台一直走在这方面的前沿，如抖音、快手等平台的竖版视频继续成为移动视频的主流方式。由于其优质的用户体验，很多广告主越来越重视竖版视频广告。

竖版视频的趋势要求广告主迅速转变观念，将原有横版的个人计算机（Personal

Computer，PC）端思维转变成竖版的移动思维，以适应竖版视频的趋势，不仅仅是简单地将画面变成竖版，更重要的是理解竖版视频节奏轻松、快捷、直入主题的表达方式。爱奇艺推出的一款情景剧集《生活对我下手了》，就是以竖版视频的形式播出的，如图1-19所示。

图1-19 竖版视频《生活对我下手了》截图

趋势四：移动 AR 不再遥不可及

AR 通过技术手段能够将现实与虚拟信息进行无缝对接。随着手机性能的不断提升以及互联网"巨头"们对 AR 技术相关的产品研发，AR 正在从概念逐步变成现实。苹果公司推出了自己的 AR 平台——ARKit，谷歌公司推出了自己的 AR 平台——ARCore，越来越多的 App 开始支持 AR 功能。美图秀秀、支付宝等也开始了类似尝试，如图 1-20 所示。

图1-20 美图秀秀、支付宝 AR 的使用

趋势五：基于位置的营销重要性正在加强

位置是移动营销区别传统 PC 端营销的一个重要特征。在营销逐步从线上走向线下的今天，位置的重要性日益显现，特别是实时位置为商家了解用户提供了一个绝佳的视角。通过位置信息，广告主可以判断用户的日常习惯，如可根据用户经常去便利店或中央商

务区等习惯，从而有效描述一个用户的消费特征。

如今，线上流量已经接近饱和，线下流量变成了巨头们争抢的对象。阿里巴巴入股分众、亚马逊力推线下无人店、腾讯入股商超等举动都证明线下数据越来越重要，而位置信息则是线下数据最重要的维度之一。简而言之，位置信息有利于线上、线下数据的打通，从而有效帮助广告主进行科学决策。

任务三　移动营销思维与策略

▶▶▶ 一、移动营销思维

智能手机在生活中的应用非常广泛。通过手机 App，用户可以直接在网络上购买衣服、美食、生活用品，还可以购买机票、电影票等，节省了大量的时间。在移动互联网新环境下，企业若想做好移动营销就需要把握以下思维。

1. 用户思维

首先企业必须清楚向谁营销。不管销售什么产品，找准目标用户是营销中最关键的步骤，也是企业在营销之初，就需要进行定位的工作。

企业对用户群体的定位，会直接影响到产品的定价以及面对市场的规模等。当然，并不是选择好目标群体后就万事大吉，还需要对用户的消费习惯、痛点、需求进行深入挖掘，同时在日常与用户沟通时要对其习惯特征进行了解，这样才可以在制定营销策略时更有依据。

2. 产品思维

明确用户的需求后，企业就需要有针对性地设计出可以让用户满意的产品。不管是让用户获得更好的购物体验，还是为用户提供更安全的食品，目的都是打造一款能够对用户产生价值的产品。

给用户提供优质的产品品质，合理的价格，温馨、舒适的服务，简便的购物流程，让用户从中获得完善的体验，从而留住用户，这是企业一直努力追求的。此外，企业在设计产品时需要很好地融入运营推广以及传播的元素，可以在产品包装上融入内容，通过互动机制让用户进行传播分享等。

3. 渠道思维

用户有了，产品有了，那么要通过哪种渠道进行营销呢？

谈及移动营销，人们第一反应就是火爆的社交媒体，如微信、抖音、快手、微博等。当然，企业的移动营销不只是涉及自媒体，还需要将移动互联网的产品思维下投入研发的 App 上线，与手机网站、微信小程序同步打通，这样产品才能获取更多的流量入口。除了社交媒体使用频率高以外，移动搜索平台使用频率也每日剧增，企业需要抓住所有的流量渠道，从而更快产生效益。

4. 碎片化思维

相比于 PC 端互联网而言,移动互联网加剧了消费者的 5 个碎片化趋势:时间碎片化、地点碎片化、需求碎片化、沟通碎片化、交友碎片化。碎片化时间成为赢得用户的黄金窗口,而碎片化思维是将各种整体信息分割成信息碎片,利用用户碎片时间提供各种用户需要的信息,满足用户需求,甚至引导用户需求。

例如,我们每个人都是生活在"圈子"里面的人。圈子是指在一定的范围内（可能是物理上的,也可能是心理上）聚集着有相同价值观和兴趣爱好的人,为了共同营造美好的未来而聚集在一起,做一些相同或共同的事情,如微信群、QQ 群等社群形式。圈子营销就是对某一类群体进行集中营销,由于圈子营销是一个综合功能很精准的营销工具,聚集了同类爱好的人群,就很容易获得用户的信任,并建立良好关系。因此,圈子营销具有传播时间快、效果明显、营销成本低、针对性强等优势。

▶▶▶ 二、移动营销策略

在移动互联网时代,企业需要整合与升级各种营销战略和策略,以适应企业营销的需要。以下是 4 种最为常见的移动营销策略。

1. 通过社交网络与新用户接触

很多企业在尝试通过微信、QQ、微博、抖音等社交网络发布品牌相关内容,以吸引新用户。社交平台为企业提供了增加品牌知名度并最终促进销售的机会。因此,企业在社交网络上投放移动广告是有益的,可以接触到大量新的潜在用户。

很多企业会在抖音上发布产品的使用场景与操作视频,并添加购买链接,吸引新用户的同时,也方便购买,如图 1-21 所示。

图 1-21　社交平台营销

2．拉近与用户和追随者的距离

一般在某家店铺购买过产品的用户，可能会再次回购，因此企业要做到及时或者适时地通知用户有关新产品、促销、折扣优惠以及某些产品的特价信息。

淘宝店铺一般会给购买过产品的用户建立一个群，或将用户拉进微信群、QQ 群等有效媒介，以便用户即时获取店铺的最新消息，如图 1-22 所示。

图 1-22　淘宝群聊

3．借助通信渠道进行沟通

通信渠道的使用是企业与老用户和潜在用户沟通的绝佳策略，可将包含新闻、特殊产品和折扣的信息，以电子邮件或微信订阅号的方式推送给用户，如图 1-23 所示。企业在进行软文设计时，要注意做到图文并茂，还要将软文设计成适应不同屏幕的类型。

图 1-23　电子邮件营销

4. 利用移动设备提供的资源

智能手机和平板电脑等移动设备配备了有趣的功能。利用这些功能资源，用户可以与品牌保持联系，也可以执行品牌推广活动。图 1-24 所示的"玩游戏免费拿口红"的火爆营销策略，正是利用游戏和产品的结合。企业通过游戏的方式给用户赠送产品，既打造了品牌，又达到了促进销售的目的。

图 1-24 "玩游戏免费拿口红"的火爆营销策略

同步实训

一、实训概述

本次实训为移动营销认知实训。学生通过对本项目的学习，要了解移动营销的概念并熟知其特点，具备基础的移动营销思维，掌握移动营销的营销方式及营销策略，为之后的学习打下基础。

二、实训素材

1. 安装有基本办公软件与制图软件的计算机设备；
2. 智能手机等实训设备；
3. 网络、案例资源。

三、实训内容

学生分组，并选出各组组长，以小组为单位进行实训操作。在本实训中，学生按照要求，以相关案例为背景完成此次实训。

1. 移动营销模式认知

学生根据表格提示内容，通过互联网搜集每种营销模式对应的典型案例，并对其进行分析，完成表 1-1 的内容填写。

表 1-1 移动营销模式

营销模式	案例名称及分析
精准营销	
病毒营销	
事件营销	
体验营销	

2. 移动营销的宏观环境与未来趋势

请学生结合移动营销的发展现状及特点，对移动营销的重要性及意义进行阐述。

_____

_____

_____

3. 移动营销思维与策略

学生已经对移动营销思维和移动营销策略形成了基础认知，请学生选取某个企业作为背景，对该企业如何运用移动营销思维和策略开展移动营销进行细致的分析，以进一步加深对各移动营销思维与策略的理解。

步骤 1：分析企业运用的营销思维。

学生可通过网络查询，也可给出自己的营销思维建议。

_____

_____

_____

步骤 2：分析企业运用的营销策略并截图，完成表 1-2 的内容填写。

表 1-2　企业营销策略分析

企业运用的营销策略	营销策略分析及截图展示

巩固提升

一、单选题

1. 2019 年 3 月，我国移动互联网活跃用户规模达到（　　）亿人。
   A. 11.2　　　　　B. 11.38　　　　　C. 10.3　　　　　D. 13.3

2. 移动互联网的快速发展得益于（　　）。
   A. 游戏产业的发展　　　　　　　B. 电商产业的发展
   C. 移动通信技术和硬件技术的发展　D. OTO 产业的发展

3. 移动营销思维中最为核心的要素是（　　）。
   A. 以用户为核心　　　　　　　　B. 以产品设计师为核心
   C. 以技术和产业发展状况为核心　D. 以利益最大化为核心

4. 关于移动营销的特点，描述不正确的是（　　　）。

A. 精准性高 　　　　　　　　　B. 高度的便携性和黏性

C. O2O 运营模式 　　　　　　　D. 成本较高

5. 以下对"移动营销"描述正确的是（　　　）。

A. 移动营销和传统互联网营销无关

B. 移动营销是互联网时代发展的新阶段

C. 移动营销是利用互联网技术基础和无线通信技术满足企业与客户之间产品交换的过程

D. 移动营销就是使用手机连接网络

二、多选题

1. 以下属于移动营销思维的是（　　　）。

A. 用户思维　　　B. 产品思维　　　C. 创新思维　　　D. 渠道思维

2. 下列可以促进企业完成销售的移动营销策略有（　　　）。

A. 开发潜在用户

B. 通过社交平台及时更新用户并发送信息

C. 强化与用户之间的关系

D. 以上均不是

3. 关于移动互联网表述正确的是（　　　）。

A. 移动互联网是将移动通信和互联网二者结合

B. 移动互联网是移动营销的产物

C. 移动互联网是互联网的技术、平台、商业模式和应用与移动通信技术结合并用于实践的活动总称

D. 移动互联网是一种通过智能移动终端，采用移动无线通信方式获取业务和服务的新兴业务

三、简答题

1. 移动互联网与移动营销二者有什么联系？

2. 请阐述移动营销的发展趋势。

四、讨论题

移动互联网时代哪些因素影响信息的传播？

项目二
移动营销平台搭建

网络数字化传播技术发展到现在，极大地改变了信息的传播途径和渠道。手机、平板等移动设备已成为人们获得信息的主要工具，当前的社会已经进入移动营销时代。

各式各样的新产品、新软件、新概念层出不穷，特别是移动互联网技术的进步、智能手机的普及，更是加快了信息的传递，移动互联网终端宣传也走进了人们的视野。移动端应用成为人们获取信息的主要渠道，也成了企业的营销重地。随着微信的发展壮大，围绕微信生态展开的微商城、小程序成了企业的必争之地。

学习目标

知识目标

1. 了解常见的微商城平台；
2. 明确利用微店平台搭建微店的流程；
3. 了解营销 App 的功能需求分析；
4. 明确微信小程序的搭建途径。

能力目标

1. 能够完成微店平台的搭建；
2. 能够进行微店后台数据统计与分析；
3. 具备 App 需求、设计分析能力；
4. 掌握微信小程序的注册流程。

项目情景

"鲜先生"是一家从事生鲜水果销售的企业。在了解到移动互联网对人们生活的影响后，"鲜先生"围绕移动互联网做出了一系列布局，以迎合市场的变化。作为传统生鲜销售企业，"鲜先生"入局移动互联网，并进行全面布局，注重以市场趋势为导向，哪类平台流量大就向哪类平台挺进。截至目前，"鲜先生"围绕微信搭建了微商城、小程序商城，另外也开发了自己独立的 App 商城。

任务一　微商城搭建

现如今人们处在一个互联网科技飞速发展的时代，各式各样的新产品、新软件、新概念层出不穷，特别是移动互联网技术的进步、智能手机的普及，加快了信息的传递。随着移动网络的不断发展，移动互联网终端宣传也走进了人们的视野。尤其是微信诞生以后，围绕微信生态开展的业务逐渐增多，微商城也悄然地走入了人们的生活，如图 2-1 所示。

图 2-1　微商城

微信作为国内移动互联网时代的一款典型社交应用，以其庞大的用户群体为基础，加上传播方式多样化、内容丰富化，配合其传播即时性、便捷性等特征，在营销上具有得天独厚的优势。

微商城，又叫微信商城，是第三方开发者基于微信而研发的一款社会化电商系统。微商城的通俗理解就是一个接入微信公众号的手机商城系统，以微信公众号作为入口，帮助企业实现商品的在线销售。

▶▶▶ 一、常见的微商城平台

企业搭建微商城有两种途径：一种是团队有技术人员，自己开发微商城系统，或购买微商城系统后再进行自我搭建；另一种是选择市面上已有的微商城平台进行搭建。企业选择第一种途径，可控性强，可以根据自我需求进行个性化微商城功能和需求的开发，但需要具备一定的技术开发能力和维护能力，而且面临开发周期长、费用成本大、运营成本高等问题。选择已有的微商城平台是大多数企业所喜闻乐见的形式。微商城搭建大多采用"傻瓜式"拖曳操作，入手简单，技术要求低。因为统一技术开发和维护，相对来说费用成本较低。但市场上平台过多，各家功能的完善程度及更新速度、营销工具的丰富度都不尽相同。因此在选择微商城平台时，企业需要对平台进行深入了解，选择功能与自我需求符合度高、更新速度快、稳定性好的平台进行搭建。

市面上能够实现微商城功能的平台数以百计，目前用户量比较大的几个微商城平台分别是以主打个人开店为主的微店和以提供全套移动电商解决方案为代表的有赞。

1. 微店

微店是目前开店工具中较简单的一款，整个开店流程、产品管理、店铺运营均可在移动端完成，卖家只要拥有一个手机号码就可以开店，微店凭借这些优势在短时间内获得了大量的用户群体。微店卖家版界面如图2-2所示，微店买家版界面如图2-3所示。

图2-2　微店卖家版界面　　　　图2-3　微店买家版界面

微店有专门针对用户的各类商城App，如天天半价、微店买家版、口袋购物等平台，为企业提供了大量流量和曝光机会，同时也提供了一些满足企业基础需求的营销工具，如店铺优惠券、限时折扣、满包邮等，如图2-4所示。

图2-4　微店营销工具

2. 有赞

有赞在同类平台中具备更丰富的营销插件体系和更完善的客户关系管理（Customer Relationship Management，CRM）功能，更侧重于企业对用户（Business to Customer，B2C）的功能。有赞提供送礼、降价拍、团购返现等营销工具，满足企业的大部分需求。另外有赞还提供平台接口，方便有技术能力的用户进行第三方对平台功能的拓展。结合目前微信聚合人群的特点，有赞平台出现了一大批运营效果很好的案例，如良品铺子、艺福堂、燕格格等。

在分销方面，有赞从分销市场的商品分销到企业全员分销、目前的阶梯价分销，都有助于在企业端对分销者进行激励。不过这些激励只是针对优秀的分销者，旨在鼓励他们做得更好，而对于自身缺乏销售能力的分销者并没有太大实际的作用。

表 2-1 所示为微店与有赞平台的基础情况对比。

表 2-1　微店与有赞平台的基础情况对比

平台	微店	有赞
费用	保证金 1000 元，其他免费	保证金 5000 元，平台使用费 6800/年起
产品	微店 App 微店买家版 App 口袋购物 App 微店小程序	有赞微商城 App 有赞微小店 有赞小程序
品牌商	可以入驻	可以入驻
分销商	可以入驻	可以入驻
零售商	可以入驻	可以入驻
个人入驻	可以入驻	可以入驻
流量	提供	提供
优点	操作简单	客户管理体系，营销功能完备

以上微商城平台代表了两类典型的平台，以微店为代表的拉流量式微商城平台和以有赞为代表的营销式平台。微店没有太多的营销工具，主要借助于企业自身及员工（分销者）的影响力进行推荐式销售。而有赞则是基于丰富的营销工具、CRM 工具对用户进行拉新、留存、促活的操作，对企业运营能力的要求更高。

▶▶▶ 二、微商城平台的选择

"鲜先生"团队通过以下步骤进行分析，决定使用有赞平台作为其在移动领域的营销平台。

步骤 1："鲜先生"已经组建了自己的电商运营团队，但在开发技术方面相对薄弱，不具备自己开发平台的能力，同时也不希望为此投入过多的维护成本。

步骤 2："鲜先生"希望找到一款功能完善，符合企业现状的微商城平台，即能够在移动端展现商品、完成交易，有效维护老用户，提高复购率，同时能够转化进入店铺的流量。

步骤 3：对于企业来说，选择平台的关键因素是其稳定性要好，要能保证企业长期运营的需求。微商城平台——萌店曾一度传出"停运"，这可能给企业造成资金、用户等资源的流失或损失。因此，在平台选择过程中，企业应着重对比平台运营者的实力及运营能力。

步骤 4："鲜先生"在选择微店平台时综合考虑平台的功能完善程度、用户群体属性特点、平台功能可延展性、可持续性等多方面因素及企业目前的需求状况，最终选择了有赞平台。

▶▶▶ 三、微商城平台的搭建

在各类微商城平台开店的操作方法大同小异。我们只要熟悉其中一种，在其他平台的搭建工作也能快速上手。"鲜先生"选择的有赞平台采用了将功能模块化的方式。用户需要哪项功能，通过选择相应功能模块即可实现，这种方式可以非常方便地满足用户的个性化需求。

1. 注册账号

在有赞平台注册账号，需要通过以下 2 个步骤实现。

步骤 1：在 PC 端打开有赞官网首页，单击页面右上角的"免费试用"或"品牌商家入驻"按钮，如图 2-5 所示。"免费试用"是有赞针对没有开店经验的个人开通的 7 天免费试用期限，"品牌商家入驻"是有赞针对品牌商家正式开店开发的功能，用户可根据自己的需要进行选择。下面以"免费试用"注册账号为例进行介绍。

图 2-5　有赞官网首页

步骤 2：进入有赞账号注册页面，按照要求填写注册信息，单击"注册即获 7 天免费试用"按钮，完成账号注册，如图 2-6 所示。

图 2-6　填写注册信息

2. 创建店铺

在有赞官网完成账号注册后，登录账号即可开始创建店铺，具体操作步骤如下。

步骤 1：选择需要创建的店铺类型。单击"立即开店"按钮，如图 2-7 所示，进入店铺创建流程页面。不同类型的店铺创建流程稍有不同。

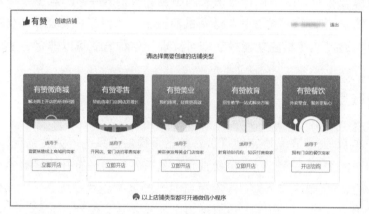

图 2-7　选择需要创建的店铺类型

步骤 2：选择店铺版本。以有赞微商城为例，店铺版本有单店版和连锁版两种。单店版适用单个网店的商家，可一站式管理网店的店铺装修、商品、订单、营销、会员、资金等数据。连锁版适用多家网店的连锁商家，总部可针对店铺经营模式（直营/加盟）灵活配置管理方式，资金、商品、会员可交由店铺独立管理，营销活动和网店可由总部统一维护或由店铺自己经营。根据自己需要选择之后单击"开单店"或"开连锁店"按钮，如图 2-8 所示。

图 2-8　店铺版本选择

步骤 3：填写经营信息。"开单店"或"开连锁店"的经营信息填写是一致的，我们可以在"请选择你的主营商品"的下拉菜单里选择拟经营的主营类目，如食品等，然后选择类目细项，如生鲜果蔬等，如图 2-9 所示；如果对主营类目及类目细项了解不够，可单击"请点此查看详情"选项，可以通过有赞店铺主营类目和商品类目对应表获得相关信息，如图 2-10 所示。

图 2-9　店铺主营类目和类目细项

图 2-10　有赞店铺主营类目和商品类目对应表

步骤 4：选择有赞店铺经营模式。选择好主营类目和类目细项后，页面自动弹出经营模式的选择部分。此时我们需要自主选择一种经营模式。必须注意的是，虽然主营类目相同，类目细项不同，有赞提供的经营模式也会有所不同。这里，以食品/生鲜果蔬为例，有"电商""农产品自销""单门店经营""多门店连锁经营""其他"五种模式的选择。我们选择"电商"模式，单击"下一步"按钮，如图 2-11 所示。

图 2-11　有赞店铺经营模式选择

步骤 5：填写店铺信息。填写店铺名称、店铺地址，然后单击"创建店铺"按钮，如图 2-12 所示。通过有赞平台的审核后，店铺就创建成功了，如图 2-13 所示。

图 2-12　填写有赞店铺信息

图 2-13　有赞店铺开设成功

注意：店铺名称一般优先使用品牌名或者品牌名+旗舰店的形式。如果没有品牌，也可以综合行业、用户喜好及商品定位等信息，取一个用户一目了然且便于记住的店铺名称，如销售生鲜水果的"鲜先生"，销售化妆品的"月染红妆"。在店铺起名的过程中需要注意以下几点。

- 尽量避免使用无意义的数字、字母、汉字组合。
- 店铺名称要能映射出主营商品。
- 店铺名称简洁、新颖。
- 避免侵权。

步骤 6：店铺创建完成后，接下来需要绑定微信公众号，使用微信公众号所绑定的个人微信号扫描屏幕中所提供的二维码进行授权操作。如果个人微信号绑定了多个公众号，选择相应公众号即可。

3. 店铺装修

虽然平台提供了一些具有行业针对性的模板，但模板仅限于框架性和通用性功能，通常很难具象地展现企业文化和品牌形象，不利于提升品牌和企业的识别度。为了让店铺的风格和企业文化、品牌形象更加匹配，企业需要对店铺进行装修。

有赞平台在店铺装修方面采用了模块化的形式，如图 2-14 所示。企业可以根据自己的需求对模块进行任意组合，以及对页面进行个性化装修。

图 2-14　店铺装修功能模块

"鲜先生"通过有赞的店铺装修功能模块完成了店铺的装修，具体步骤如下。

步骤 1：进入店铺管理后台，单击左侧功能导航栏的"全店装修"按钮。在弹出的导航栏里选择"店铺主页"选项，进入店铺装修页面，平台默认已经创建了店铺主页，如图 2-15 所示。

图 2-15　店铺装修页面

步骤 2：编辑店铺微页面。单击"店铺"模块右边的"店铺装修"按钮，进入店铺微页面编辑页面，对店铺主页进行重新装修。单击相应的模块后，对应区域就会出现蓝色虚线，蓝色虚线区域就是当前编辑模块。填写每一个模板的相应信息后，单击"保存并继续"按钮，完成微页面的编辑，如图 2-16 所示。

图 2-16　微页面编辑

步骤 3：设置头部背景。单击店铺主页右下角的"页面设置"按钮，在页面右边弹出的页面设置模块中填写相应信息，如图 2-17 所示。

图 2-17　设置店铺背景

步骤 4：设置图片广告。单击页面左侧的"图片广告"按钮，右侧弹出图片广告编辑区域。其中广告模板有多种，这里选择"一行一个"模板，单击"添加背景图"按钮，如图 2-18 所示。页面会弹出"我的图片"窗口，可以根据需要选择自己设计制作的图片（见图 2-19），也可以选择有赞"图标库"中系统提供的图标，并将之上传，如图 2-20 所示。

图 2-18　设置广告图

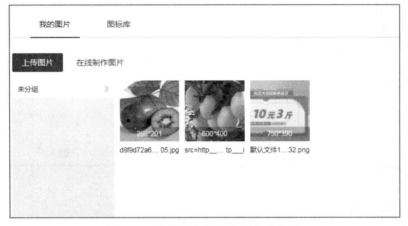

图 2-19　"鲜先生"事先制作的图片

图 2-20　上传图片

　　单击广告图右侧的"选择跳转到的页面"模块，可将广告图链接到相应商品或者分类页面，如图 2-21 所示。

　　步骤 5：新建商品分组。依次单击页面左侧导航栏的"商品－商品分组－新建商品分组"，新建商品分组，如图 2-22 所示。

图 2-21　设置链接地址

图 2-22　新建商品分组

进入商品分组设置页面，在"分组名称"右侧输入框内输入需要新建的分组名称，根据店铺的展示需求分别设置商品展示排序的级别、列表展现形式。商品分组设置完成之后，单击页面下方的"保存"按钮，就可以将设置好的商品分组进行存储使用，如图 2-23 所示。

图 2-23　商品分组设置页面

步骤 6：设置个性分组导航。商品分组设置完成之后，回到"店铺主页"编辑页面，选择基础组件中的"图文导航"选项，添加导航模块。

（1）单击页面右侧的各个"添加图片"按钮，上传相应分类的图片，填写标题，如图 2-24 所示。图片上传完成后，单击"选择跳转到的页面"按钮，可将商品图片链接到相应商品或者分类页面，如图 2-25 所示。

图 2-24　设置图片导航

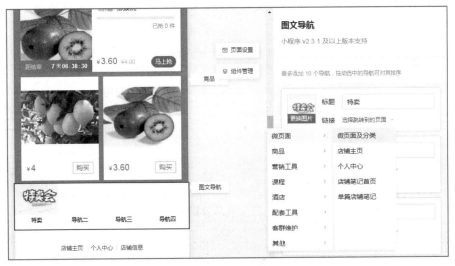

图 2-25　设置导航图片跳转到的页面

（2）在页面右侧选择图片导航模板、图片样式、背景颜色和文字颜色等，如图 2-26 所示。

以上操作完成后，单击页面右上角的"保存并继续"按钮，个性分组导航设置完成。

步骤 7：设置商品展示。在店铺管理首页，企业经常需要展示一些应季商品、推荐商品及热销商品等，在有赞的店铺首页和活动页面装修的时候可以采用"图片+链接"的形式，也可以使用平台提供的内置模块功能。

图 2-26　设置图片导航其他信息

（1）"图片+链接"形式

选择添加"图片广告"模块，选择显示模板，上传商品图片，链接跳转到的页面。这个在前面详细介绍过了，在此不再赘述。

（2）使用内置模块展示商品

选择"商品-商品分组"，通过"新建商品分组"功能选择符合自己需求的列表样式，根据需要选择适合的列表样式。随后返回商品分组列表，单击分组名称后面的"推广"按钮，在打开的页面中扫描二维码，就可以查看到我们为当前商品选择的展示形式，如图 2-27 至图 2-29 所示。

图 2-27　商品分组列表

图 2-28　推广页面

图 2-29　商品展示效果

　　完成以上操作，微商城的搭建就告一段落。接下来微商城运营者就需要对商品进行上下架及后期运营操作。

任务二　营销 App 设计

　　随着移动互联网的发展，智能手机应用为我们创造了一个越来越便捷的、"一切皆有可能"的新世界，人们通过手机随时随地预定电影票、美食、机票等，App 成为移动互联网时代的必备工具。在这个大数据时代，App 占据了很重要的地位，被广泛应用到各行各业，企业开发 App 成为一种主流趋势。App 在企业运营过程中扮演着增加宣传渠道、精准营销、降低宣传成本、增强用户黏性的角色。

一、App 功能需求分析

　　进行 App 开发前，首先需要对 App 的功能进行需求分析，既要考虑行业角度的功能需求，又要考虑用户的需求。

1. 行业角度的功能需求分析

　　"鲜先生"是生鲜行业的品牌，下面从行业角度分析 App 的功能需求。

　　（1）商品展示功能：打开生鲜 App，用户可以看到不同品种的生鲜商品。因此，App除了需要具备单独商品展示功能外，还需要具备商品推荐和商品专题页面展示功能等。

　　（2）定时收货功能：用户可以预约收货时间，保持商品的新鲜。

（3）促销推送功能："鲜先生"可以将一些生鲜促销活动通过生鲜 App 及时推送给用户，凭借实惠的价格，吸引用户购买。

（4）地区分类购买功能："鲜先生"在线下有众多实体店铺及配送点，可以设置每个店铺及配送点的地区范围。这样用户根据自己的位置，随时可以获知附近物流最快的生鲜实体店铺，能更高效地购买。

（5）营养食谱功能：现在人们生活节奏快，容易忘记给身体补充全面的营养，所以营养食谱是专门为弥补现代人营养补充意识的缺乏而推出的功能。

（6）在线支付功能：直接下单、物流送达之后即可使用在线支付功能，完成订单付款环节。

（7）基于移动位置服务（Location Based Service，LBS）功能：用户能够通过位置定位的功能，定位附近提供生鲜水果商品服务的商家，或者通过设置相应的搜索范围，随时获取商家的新品上市信息，及时采购到新鲜、优质的生鲜商品。

（8）附近商家推送功能：用户能够通过关注相关的附近商家，商家就能够为用户推送相关的新品上市、优惠信息等，实现精准营销。

2. 用户需求分析

用户是生鲜水果 App 开发最直接的获利者，也是 App 最直接的使用者。"鲜先生"通过跟用户当面交流、调查问卷等形式进行调研，最终完成用户需求分析。

（1）购买流程简化：用户能在简单的几个步骤之内完成商品购买，降低操作难度。

（2）用户心理需求：食品安全愈发被关注的今天，很多人选择回归厨房。在购买生鲜方面，用户注重新鲜度和质量。选择生鲜类 App 是因为平台主打新鲜以及质量严选的卖点。和菜市场相比，平台有完善的售后服务，如果商品质量有问题，用户可直接申请售后。

（3）追求创意和温馨：通过调查发现，回归厨房的年轻人乐于在厨房一展身手，但不喜欢线下逛市场，这时他们会把目光转向各大生鲜平台，丰富的食材品种能满足年轻人追求创意和温馨的需求。

（4）期望商品标准化：菜市场的商品基本是个体摊位销售。商品质量没有统一标准，尽管有质检，但不良摊主可能会浑水摸鱼。生鲜类平台是标准化运营，对商品质量严格把控，符合用户追求食品健康的需求。

▶▶▶ 二、商品定位

水果生鲜电商市场用户可细分为住宅区居民和写字楼白领。从需求强弱来看，住宅区居民对于水果生鲜的需求度最高，接下来是写字楼白领。在需求频次上，住宅区居民以购置生活必需品为目的，购买频次最高；写字楼白领可能出于补充维生素等健康目的，购买频次相对较低。从利润空间上看，住宅区居民由于购买量大，是利润主要来源；白领对水果生鲜品质要求较高，购买高档水果生鲜的需求更大，因此客单价会更高。

"鲜先生"定位为家门口的新鲜生活，专注水果生鲜行业多年，是居民的水果生鲜便利店。通过布局密集的线下实体店,为用户提供便捷、准时的线下生鲜购买体验。线上App对线下渠道进行有力的支持与补充。

三、营销 App 设计分析

App 设计的核心是形成设计理念,这是营销的前置行动,企业在做 App 营销之前就应该确定好商品定位和用户体验。"鲜先生"团队在设计 App 前就在营销策划案中明确了"家门口的新鲜生活"的商品定位,让用户做到足不出户就可以享受更新鲜、更健康的生鲜商品。"鲜先生"App 界面如图 2-30 所示。

图 2-30 "鲜先生"App 界面

1. 商品架构设计分析

"鲜先生"明确了商品的功能需求后,着手进行商品架构设计。商品架构设计是在明确用户需求与商品定位后,把商品、人、环境置于一定的场景之中,并通过场景中人和商品发生的故事去推理商品应该有哪些功能和逻辑流程细节。

"鲜先生"App 以突出自身商品销售的功能为主,全面围绕用户的购买需求及留存需求展开主要功能的设计,商品展现与淘宝等电商类 App 展现形式相同;为了能够延长用户的停留时间,提高用户的打开频次,增加了用户生成内容(User Generated Content,UGC)信息模块,提供围绕水果生鲜的"精选美食日记""快手食谱""甜点饮品""生活百科"等功能,同时提供商品评论功能。其中,"生鲜"模块通过"生鲜分区""生鲜分类"及"折扣商品"来满足不同用户的购买需求;"发现"模块解决用户增长生鲜知识的内容需求,如"生活百科"等;"购物车"模块提供"结算商品""优享会员"等功能;

"我的"模块提供"账户信息""积分兑换"等信息查询功能，同时有引导用户加入社群的"进群领福利"功能，如图 2-31 所示。

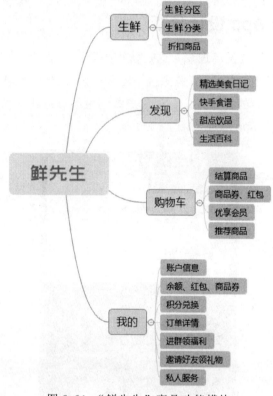

图 2-31 "鲜先生"商品功能模块

2. 购物流程设计

一款购物类 App 是否能够被用户所接受并长期使用，其购物流程的设计至关重要，简洁流程的购物体验往往让用户在内心默默为其加分。

"鲜先生" App 的购物流程设计，包括从用户进入 App 选择商品到完成最终评价的过程，可分为简单的 10 步操作，如图 2-32 所示。

3. App 交互设计分析

用户体验是用户是否愿意长期使用 App 的重要因素之一。App 设计中的用户体验来源于交互设计领域。在展开 App 设计之前，企业必须充分了解用户需求，寻求 App 设计的切入点。例如，在进行用户界面（User Interface，UI）设计时需要充分考虑布局的合理化问题，遵循用户从上而下，自左向右的浏览、操作习惯，避免常用业务功能按键排列过于分散，造成用户鼠标移动距离过长的弊端。

App 界面给人简洁整齐、条理清晰的感觉非常重要，这依靠的是界面元素的排版和间距设计，这里的间距设计还要考虑适配不同的屏幕分辨率。一般的解决方案是跟据屏幕等比放大或缩小间距，或者固定某些界面元素的间距，让其他间距空间留空拉伸。

"鲜先生" App 在开发设计过程中非常注重用户体验设计。

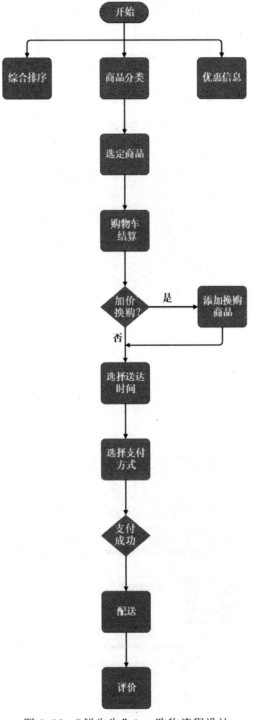

图 2-32 "鲜先生"App 购物流程设计

（1）配送门店展示页面

进入"鲜先生"App 后可以自动定位用户当前位置。在定位位置可以显示附近配送门店的信息，包括门店名称、距离、送达时长等，让用户对从下单到收货的时间做到心中有数，如图 2-33 所示。

图 2-33　定位门店显示

（2）折扣展示页面

"鲜先生"在折扣展示页面标明了 4 种折扣方式：价格直降（展示折扣比例和折后价格）、品牌满减、第二件 N 折、超值换购。每种折扣方式都有相应的轮播界面，如图 2-34 所示。

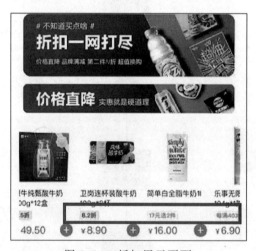

图 2-34　折扣展示页面

（3）购物地址页面

"鲜先生"在购物车页面上方均设置了送货地址编辑选框，用户可以在编辑栏内编辑已有的收货地址并新增收货地址，方便选择自己所需的配送位置，如图 2-35 所示。

以上是"鲜先生"根据自身商品及企业特点在 App 交互设计中比较有自身特色的几项设计。

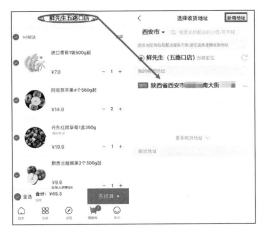

图 2-35 购物地址页面

任务三 微信小程序开发

微信小程序实现了用户与供应商、用户之间的精准营销，具有开发成本低、易于操作的特点，因此一经推出，便受到很多企业的青睐。微信小程序是针对移动智能设备所提出的概念，是一种不需要用户下载安装即可使用的 App 程序。用户只要点击小程序就能轻松、方便地使用该程序提供的功能，实现了小程序"即用即走"的高效理念。

一、微信小程序的注册流程

微信小程序依托于微信公众平台。注册微信小程序，包含小程序注册、小程序信息完善、提交审核和发布三个方面。

1. 小程序注册

在 PC 端登录"微信公众平台"，单击"微信小程序"按钮，进入到微信小程序页面，然后单击"前往注册"按钮，按照页面提示填写信息，完成主体信息登记，如图 2-36 所示。

（a）

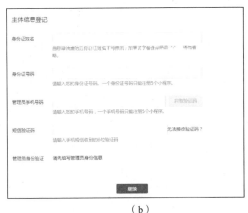

（b）

图 2-36 微信小程序注册流程

2．小程序信息完善

开发者完成微信小程序账号注册后，可直接进入小程序信息完善页面。小程序信息具体包括小程序名称、小程序头像、小程序介绍、服务类目四个方面，如图 2-37 所示。

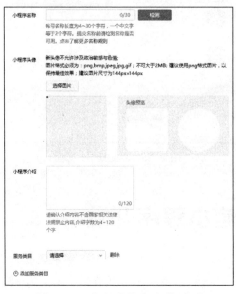

图 2-37　小程序信息完善页面

微信官方对小程序信息的修改次数有着明确的规定。在小程序发布前，小程序名称允许用户更改 2 次，在发布后一年内可修改 2 次；小程序头像，一个月内可以申请修改 5 次；小程序介绍，一个月内可修改 5 次；服务类目一个月可修改 3 次。因此，开发者在完善小程序信息时，需要做好信息完善前的准备工作。

3．提交审核和发布

为了方便管理，微信小程序需要绑定开发者。开发者进入小程序发布流程页面后，单击"添加开发者"按钮，如图 2-38 所示，进入开发者添加页面，按照添加要求完成添加即可。开发者的绑定可以有助于微信官方管理审查小程序。

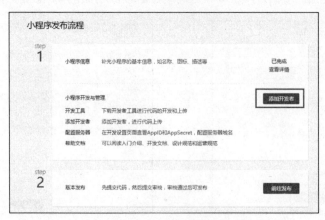

图 2-38　小程序发布流程页面

微信提供了 Windows、Mac 操作系统下的小程序开发工具，开发者可以登录微信小程序页面下载，如图 2-39 所示。之后，开发者可以将开发好的程序进行发布，如图 2-40 所示。

图 2-39　小程序开发工具下载页面

图 2-40　小程序发布页面

▶▶▶ 二、微信小程序的搭建

微信小程序搭建可分为直接开发和工具开发两种途径。

1. 直接开发

微信小程序的直接开发是面向专业开发人员的一种开发途径，不仅需要开发者完成代码的编写，还需要开发者按照微信规定的流程进行小程序的开发。微信小程序的开发流程包括获取 App 账号（AppID）、创建项目、编写代码、预览程序四个步骤。

步骤 1：获取 AppID。该步骤可通过"小程序发布流程"页面中"设置"选项查看，如图 2-41 所示。注意：不可直接使用服务号或订阅号的 AppID。

图 2-41　查看 AppID 页面

步骤 2：创建项目。该步骤需要通过"开发者工具"进行创建。开发者下载并安装开发者工具后，打开开发者工具并使用微信扫码登录。选择创建"项目"，填入上文获取到的 AppID，设置一个本地项目的名称（非小程序名称），并选择一个本地的文件夹作为代码存储的目录，单击"添加项目"按钮即完成项目的创建，如图 2-42 所示。

图 2-42　创建项目页面

步骤 3：编写代码。代码的编写通过微信提供的程序编写工具进行。

步骤 4：预览程序。在完成程序编写后，开发者需要对开发的小程序进行预览，以确保小程序运行正常。

2. 工具开发

微信小程序的工具开发主要是面向没有程序开发基础的开发者的一种开发途径。如今能够进行微信小程序开发的工具有很多，最常见的有上线了、点点客、凡科轻站等。使用这些工具可以实现小程序商城的快速搭建。用户如果没有程序开发的基础，通过工具开发完成微信小程序的搭建无疑是较好的选择。下面以"凡科轻站小程序"为例，介绍小程序店铺的搭建过程。

步骤 1：登录"凡科轻站小程序"，进入"凡科轻站小程序" 首页，如图 2-43 所示。

图 2-43　"凡科轻站小程序"首页

步骤 2：创建小程序。单击"创建小程序"按钮，进入小程序类型选择页面，如图2-44 所示。

图 2-44　小程序类型选择页面

步骤 3：选择小程序模板。可根据店铺所售商品的风格选择合适的模板，如图 2-45 所示。

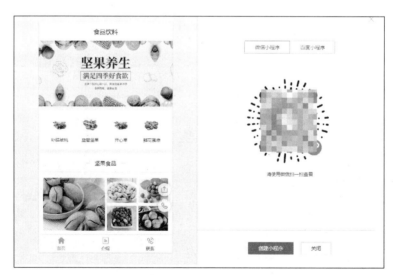

图 2-45　小程序模板选择页面

步骤 4：填写信息。进入信息填写页面，完成商品管理、风格设置、功能设置、营销工具设置。

步骤 5：小程序发布。单击"审核发布"按钮，进入微信小程序授权页面，单击"我已有小程序，直接授权"按钮，如图 2-46 所示。

图 2-46　微信小程序授权页面

步骤 6：完成授权。通过扫描二维码完成公众平台账号授权，如图 2-47 所示。授权完成后，等待微信官方审核，通过后即可使用小程序。

图 2-47　授权二维码页面

同步实训

一、实训概述

本次实训为移动营销平台的搭建实训。学生通过对本项目的学习，能够利用相关工具进行微商城、App、小程序的搭建，能够掌握微商城、营销 App、小程序的策划流程和搭建方法。

二、实训素材

1. 安装有基本办公软件与思维导图等软件的计算机设备；

2. 智能手机等实训设备；

3. 微商城搭建、小程序搭建工具。

三、实训内容

学生分组，并选出各组组长，以小组为单位进行实训操作。在本实训中，学生将以学生用品校园零售为实训背景进行微商城、小程序、App 的搭建。

1. 微商城搭建

学生根据教材案例，按照要求详细说明学生用品校园零售微商城的选择策略及栏目板块的划分，并最终完成微商城平台的搭建，完成表 2-2、表 2-3 的内容填写。

表 2-2　微商城功能差异分析

平台名称		
基本功能		
营销功能		
优势		
缺点		

表 2-3　微商城栏目划分

栏目名称	栏目说明
首页	包括海报、导航、产品分类、产品推荐

2. App 开发

学生根据教材案例分析校园零售 App 的商家及用户需求，并制作 App 功能需求的思维导图，完成表 2-4 所示内容。

表 2-4　App 商家及用户需求

商家需求	商家对这款 App 有什么样的需要
用户需求	用户有什么样的痛点需要解决

3. 小程序开发

学生根据需求选择适合的小程序开发平台完成校园零售小程序开发，完成表 2-5 所示内容。

表 2-5　小程序开发信息表

小程序名称	
小程序需求分析	需求1： 需求2：
小程序功能模块	功能模块1： 功能模块2： ……
小程序开发平台	

巩固提升

一、单选题

1. 在进行微商城搭建时首先需要做的是（　　　）。

　　A. 确定微商城的内容架构　　　　B. 明确微商城的定位

C. 确定微商城的风格　　　　　　　D. 确定微商城搭建平台

2. 以下关于微商城平台选择说法错误的是（　　）。

　　A. 选择微商城应选择与自己需求相匹配的

　　B. 要选择有实力的企业开发维护的平台

　　C. 作为创业者能省则省，选择最便宜的

　　D. 选择功能拓展性强的平台

3. 微商城、小程序、App 开发过程中必须经历的一个环节是（　　）。

　　A. 需求分析　　B. 招聘程序员　　C. 制作思维导图　D. 培训客服

4. 以下不是 App 发布平台的是（　　）。

　　A. 91 助手　　　　B. 小米应用市场　C. 百度　　　　　D. Google Play

5. 以下关于 App 优势说法错误的是（　　）。

　　A. App 更适合移动端用户浏览体验　B. App 更安全

　　C. App 登录方式更灵活　　　　　　D. 移动端互动性更强

二、多选题

1. App 营销平台开发的流程包含（　　）。

　　A. 需求分析　　B. 原型设计　　C. 程序开发　　D. 应用分发

2. App 在应用市场上架时标题撰写应注意（　　）。

　　A. App 标题字符数　　　　　　　B. 标题撰写需要包含关键字

　　C. 标题无须添加公司名称　　　　D. 标题不要频繁变更

3. 以下关于小程序优势说法正确的是（　　）。

　　A. 提供一个新的开发平台　　　　B. 为企业带来潜在客户

　　C. 提高用户体验，增加用户黏性　D. 搭建新的商业体系

三、简答题

1. 微商城对于企业来说有哪些优势？

2. 微信小程序有哪些特点？

四、讨论题

对于一家小区里的小卖部来说，开发微商城、小程序还是 App，三选一，应该如何选择？说出你的理由。

五、操作题

为家门口的便利店注册开发一个小程序。

项目三
移动广告

移动终端早已成为我们生活的一部分，移动互联网全生态、全功能的打通为移动营销提供了更多价值场景。与此同时，移动广告产业链不断完善，推动着移动广告规模的快速增长。各个企业也加大了移动广告营销的力度，想从中获得红利。本项目将对移动广告的基础知识进行介绍，并通过案例引导的方法梳理移动广告从策划到实施的整个过程。

学习目标

知识目标

1. 明确移动广告的概念；
2. 了解移动广告的发展概况；
3. 熟知移动广告的展现形式。

能力目标

1. 具备移动广告方案的策划能力；
2. 能够结合企业产品及背景定位目标用户群体；
3. 能够结合受众选择合适的移动广告投放的时间段及地域；
4. 具备有效选择移动广告投放渠道的能力。

项目情景

小花是一家旅行社的职员。随着移动互联网的快速发展，以及大量的人群聚集到移动终端设备的使用上，小花所在的旅行社紧跟移动营销的发展步伐，计划投放广告于移动设备终端，于是小花就开始了对移动广告的全面研究与分析，计划从对移动广告的认知、策划与实施两个部分入手。

任务一　移动广告认知

移动广告是通过移动设备（手机、平板电脑等）访问移动应用或移动网页时所显示的广告，广告形式包括图片、文字、超文本标记语言 5.0（Hyper Text Markup Language 5.0，HTML5 或 H5）、链接、视频等。

移动广告大多通过移动广告平台进行投放。和互联网的广告联盟的平台相似，移动广告平台属于一个中介平台，连接着应用开发者和广告主。在平台上，应用开发者提供应用，广告主提供广告内容，而移动广告平台就会提供相应手机系统的软件开发工具包（Software Development Kit，SDK），如图 3-1 所示。

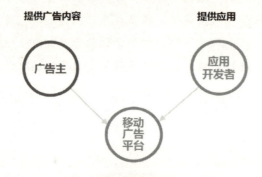

图 3-1　移动广告平台经营模式

▶▶▶ 一、了解移动广告发展概况

互联网行业发展日新月异，最重要的标志莫过于 4G 大范围普及、5G 投入使用，移动互联网逐渐成为行业主流，用户注意力逐渐从 PC 端转移到手机、平板电脑等移动设备，移动广告作为"伴生物"，也追随行业巨头、在行业风口流转。

移动广告市场如同风雨莫测的天气，时刻都在变化。随着高端技术的层出不穷，移动广告市场的变化和趋势更加难以预测，但移动广告的规模仍在高速增长，移动广告已成广告市场的绝对主流。

根据艾瑞咨询的数据，从 2013 年到 2019 年，移动广告占网络广告的比重从 12.1%一路暴涨至 82.0%，已成为网络广告的核心。2019 年中国移动广告市场规模超 4000 亿元。随着移动互联网潜能不断释放，广告主对于移动广告的投放需求持续增加，需要有更加精准的广告投放方式，未来移动广告市场规模仍有增长空间。

根据艾瑞咨询发布的《2019 年中国网络广告市场年度监测报告》，2018 年移动广告市场规模达到 3663.0 亿元，移动广告的整体市场增速远远高于网络广告市场增速。预计2021 年移动广告占网络广告的比例将超过 85%，如图 3-2 所示。

图 3-2　2015—2021 年中国移动广告市场规模及预测

▶▶▶ 二、认识移动广告的展现形式

移动互联网的高速发展为移动广告的发展提供了巨大的空间。从用户被动地接受移动广告信息到用户主动订阅咨询，再到根据用户搜索需求定向推送信息，在不同的移动市场需求下的移动广告形式也在不断变化中。小花了解到移动广告按其展现形式可以分成不同的类别，如开屏广告、横幅广告（Banner Advertisement，Banner Ad）、插屏广告、公告、信息流广告、积分墙广告、视频广告、竞价广告及私信通知广告等，不同形式的移动广告，其效果及优缺点也各有不同。

1. 开屏广告

开屏广告是在应用开启时加载，一般会全屏展现 3～5 秒，展示完毕后自动关闭并进入应用主页面的一种广告形式。手机微博开屏广告如图 3-3 所示。

图 3-3　手机微博开屏广告

项目三　移动广告

49

开屏广告对广告主来说是一种广告效果最大化的广告形式。在广告发布页面里，它基本上可以达到独占。因此，在广告进行播放的这段过程里，基本上对用户浏览广告没有任何干扰。开屏广告根据广告创意的要求，充分利用整个页面的最大空间而形成广告信息的传递，通过特定技术手段把广告锁定在最大空间。开屏广告对用户的视觉冲击力强烈，能够表达一个整体的宣传概念，可以达到吸引用户的目的，因此用户的广告点击率非常高。

2. 横幅广告

横幅广告又叫 Banner 广告、通栏广告、广告条，是比较常见的移动广告展现形式。它一般以图片的形式出现，常见于 App 的顶部或者底部，如图 3-4 所示。

图 3-4　横幅广告

横幅广告能够直观地向用户展示内容，容易吸引用户注意，但是部分会对 App 界面内容造成一定的遮挡，可能会影响用户体验。这种形式的广告较为普遍，收益也比较平稳，大多数开发者会选择此类广告，但有时会因为与所在的应用展现形式不匹配而引起用户反感。

3. 插屏广告

插屏广告采用了自动广告适配和缓存优化技术，可支持炫酷的广告特效，视觉冲击力强，是目前比较有效的精准广告推广形式。相比横幅广告，插屏广告显得更大气、美观一些。

插屏广告一般是在应用开启、暂停、退出时以半屏或全屏的形式弹出，展示时机巧妙，避开了用户对应用的正常体验，如图 3-5 所示。

图 3-5　插屏广告

4. 公告

公告常出现在电商类 App 上，通过消息广播的形式给用户传递相关信息。它一般出现在 App 的首页，如图 3-6 所示。

图 3-6　公告

公告具有直观简洁、不占用内容页的优势，但不能直接诱导用户点击，一般只能起到提示的作用。

5. 信息流广告

信息流广告是位于社交媒体、资讯媒体和视听媒体内容流中的广告，它出现的形式有图片、图文、视频等，如图 3-7 所示。

微信朋友圈	今日头条	爱奇艺视频

图 3-7　信息流广告

这种穿插在内容流中的广告，对用户来说体验相对较好，可以让广告主利用用户的标签进行精准投放，是基于用户属性和标签算法推送的一种广告形式。其特点是投放人群精准、强制向用户展现、无法关闭，目前几乎所有的互联网媒体都推出了信息流广告平台。

6. 积分墙广告

积分墙广告是除横幅广告、插屏广告外最常见的移动广告形式，它是一个在应用内展示各种积分任务，如下载安装推荐的优质应用、注册、填表等，以供用户完成任务获得积分的页面。用户完成任务后可获得一定积分。这些积分可以用来兑换电话卡等虚拟物品。

例如，一些应用中嵌入软件包，这个软件包会嵌入一个类似于墙的屏幕，屏幕上会展示各个广告主的应用，如图 3-8 所示。用户下载这些应用就会获得一定的积分或虚拟货币，当积分或虚拟货币累积到一定量时，就可以用来购买应用中的"道具"，而该应用的开发者就能得到相应的收入。

图 3-8　积分墙广告

积分墙广告属于激励型广告，通过激励的形式吸引用户参与，并尽量延长用户在应用的停留时间。因为有用户的互动，下载应用转换率较高，所以受到对广告效果日益严苛的广告主的青睐。

7. 视频广告

用户群体根据视频广告权限分为贵宾（Very Important Person，VIP）用户和普通用户。用户在购买 VIP 业务后成为 VIP 用户，观看视频时就能够直接跳过广告，普通用户则需要先把广告看完才能看后面的视频内容。视频广告一般出现在播放类 App 内容的开头，如图 3-9 所示。

图 3-9　视频广告

视频广告以内嵌的形式植入，不增加额外的内容板块，这是它的优势，但缺点是普通用户（即没有付费购买 VIP 业务的这部分用户）就不得不长时间观看视频广告，这一定程度上会影响用户的体验。

8. 竞价广告

竞价广告是一种由广告主自主投放，自主管理，通过调整价格进行排名，按照广告效果付费的新型网络广告形式。竞价广告的基本特点是按点击付费。推广信息出现在搜索（靠前）的结果中，如果没有被用户点击，平台不收取推广费。竞价广告常出现在搜索引擎的搜索结果中，如百度、UC、360、搜狗等，如图 3-10 所示。

图 3-10　竞价广告

竞价广告的优点是见效快、关键词数量无限制、关键词不分难易程度；缺点是搜索结果以点击价格高低来衡量，可能会造成用户意愿不匹配，影响用户体验。

9. 私信通知广告

私信通知广告是以私信的形式将商品信息发送给用户，用户可以通过查看私信了解商品详情，如图 3-11 所示。

图 3-11　私信通知广告

私信通知广告具有精准性的特点，它能够通过后台分析用户的喜好来发送特定商品信息，但同时又常常容易忽略用户的需求，从而增加了用户的筛选成本。

任务二　移动广告的策划与实施

小花对移动广告基本知识有了一定的认知和储备后，接下来就要明确如何策划和实施移动广告了。小花想通过互联网查询其他企业关于移动广告策划与实施的做法，为自己的移动广告营销方案提供一些参考。接下来，小花以去哪儿网为例，对其移动广告的策划与实施过程做了深入分析。

▶▶▶ 一、移动广告的策划

去哪儿网为了获得更多的用户关注，更好地达到营销目标，提高用户忠诚度，选择以多种移动广告形式全面展开，全力以赴地争夺移动端广告市场。去哪儿网广告运营者制定了一份关于移动广告的策划方案，包括以下六个部分。

1. 策划背景分析

去哪儿网是创立于 2005 年 2 月的中文在线旅行网站，总部设在北京。去哪儿网为用户提供机票、酒店、会场、度假产品的实时搜索，并提供旅游产品团购以及其他旅游信息服务，为旅游行业合作伙伴提供在线技术、移动技术解决方案。图 3-12 所示为去哪儿网 App 首页。

图 3-12　去哪儿网 App 首页

去哪儿网的目标是为广大用户提供全面、准确的旅游信息服务，促进国内旅游行业在线化、移动化发展，协助用户搜索到性价比高的机票、酒店、签证、旅游度假线路等产品和服务，如图 3-13 所示。

由于移动广告市场进入高速增长阶段，并且移动广告具有精准、高效的营销效果，去哪儿网在移动端的推广方面也是全面发力，加大对移动网络广告的投入，以获得更多关注，增加用户黏性。

产品与服务

01	机票
02	酒店
03	旅游度假线路
04	火车票
05	签证
06	团购
07	旅游攻略
08	旅图
09	门票

图 3-13　去哪儿网所提供的产品与服务

2. 目的确定

去哪儿网希望通过移动端广告的展现来获得用户的认可和关注，获得更稳定的用户群体，并且会给移动端用户提供更多优惠，让用户体验随时随地查阅旅行攻略、互助交流、场景带入式的服务感受。移动广告的全面投放就是为了提升去哪儿网品牌的影响力，获取更多 App 新用户和维系 App 老用户的留存。

3. 目标受众定位

去哪儿网移动广告的目标受众定位为爱好旅游且经济宽裕的人士、经常出差的商务人士和爱旅游的工作人群、大学生，如图 3-14 所示。

图 3-14　目标受众定位

4. 移动广告投放渠道选择

去哪儿网在移动互联网的各个场景方面部署了不同的应用，最终通过一些不同场景的碎片化触点去接触用户，发掘用户的需求。去哪儿网对移动终端应用程序进行定制，从而以更流畅的无缝形式将更丰富的营销信息与用户需求、体验结合。此外结合产品特性及目标受众属性进行分析，得出需要投放移动广告的渠道品类，包括综合资讯、阅读类、综合电商、时尚品电商、生鲜电商及短视频等，如图 3-15 所示。

排行榜中的今日头条、书旗小说、淘宝、唯品会、每日优鲜及抖音等都是手机中常见的人气热点应用，用户在哪些 App 上花费的时间多，那么企业的投放点就在哪里，不同类型中排名靠前的热点 App 就是移动广告要进行投放的重点广告终端。

去哪儿网最终选择排名靠前的 App 进行重点投放，在其他相关 App 进行辅助投放，提高广告点击率和传播精度，达到精准、高效推广及宣传的效果。

2019 综合资讯 App 排行

排名	名称
1	今日头条
2	腾讯新闻
3	看点快报
4	网易新闻
5	趣头条
6	Flipboard 红板报
7	ZAKER（新闻阅读）
8	UC 头条
9	百度新闻
10	澎湃新闻

2019《互联网周刊》& eNet研究院选择排行

2019 阅读类 App 排行

排名	名称
1	书旗小说
2	QQ 阅读
3	追书神器
4	掌阅
5	多看阅读
6	搜狗阅读
7	爱奇艺阅读
8	咪咕阅读
9	宜搜小说
10	微信读书

2019《互联网周刊》& eNet研究院选择排行

2019 综合电商 App 排行

排名	名称
1	淘宝
2	京东
3	拼多多
4	天猫
5	唯品会
6	苏宁易购
7	网易严选
8	1 号店
9	亚马逊
10	考拉海购

2019《互联网周刊》& eNet研究院选择排行

2019 时尚品电商 App 排行

排名	名称
1	唯品会
2	蘑菇街
3	优衣库
4	聚美
5	楚楚街
6	寺库奢侈品
7	YohoBuy 有货
8	柚子街
9	优购时尚商城
10	喜购

2019《互联网周刊》& eNet研究院选择排行

2019 生鲜电商 App 排行

排名	名称
1	每日优鲜
2	京东到家
3	盒马
4	惠农网
5	天天果园
6	中粮我买网
7	大润发优鲜
8	本来生活
9	百果园
10	顺丰优选

2019《互联网周刊》& eNet研究院选择排行

2019 短视频 App 排行

排名	名称
1	抖音
2	快手
3	西瓜视频
4	抖音火山版
5	好看视频
6	美拍
7	微视
8	最右
9	秒拍
10	小咖秀

2019《互联网周刊》& eNet研究院选择排行

图 3-15　2019 年各类型 App 排行榜

5. 移动广告投放形式选择

移动广告走向了深耕细作的推广模式。开屏广告、横幅广告、插屏广告、积分墙广告、视频广告等投放量都在快速上涨。现有技术被广泛应用到移动应用广告上，包括二维码、H5 页面、图像识别等，使得移动端的互动广告形式提速迅猛，而去哪儿网也趁势打入这些不同类型的移动广告中。

6. 移动广告投放时间段和地域选择

去哪儿网通过对用户点击时间段及一周点击率的变化进行分析，制定了移动广告投放的最佳方案，推动广告投放效果回报最大化。

用户使用手机高频时间段大致分为 8:00—9:00、11:00—16:00、18:00—20:00、20:00—23:00，20:00 以后用户数占比及点击数占比急速上升；用户在一周内使用手机，点击率最高的时间是在周六、周日，如图 3-16 所示。去哪儿网结合数据分析，为了获得较好的广告效果，选择一天中的高频时间段投放广告，最小时长为 0.5 小时。

考虑到移动终端设备的普及程度，去哪儿网计划第一批先覆盖全国部分省市，如图 3-17 所示，以便最大程度地缩小目标范围，集中力量直达目标受众，并针对不同地域用户投放广告，有的放矢，有效实现区域营销。

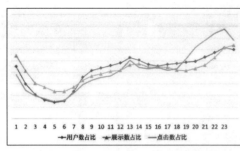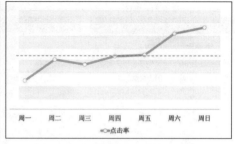

图 3-16　用户点击时间段及一周点击率变化

去哪儿网通过对投放目标的确定、目标受众的定位、投放渠道的选择、移动广告展现形式的选择、投放时间段和地域的选择等，最终完成了移动广告的整体策划方案。

- □ 一级城市：**北京、上海、广州、深圳**
- □ 二级城市：**杭州、重庆、大连、沈阳等城市**
- □ 三级城市：**珠海、温州、威海、宁波等沿海经济发达城市**

图 3-17　投放地域

▶▶▶ 二、移动广告的实施

根据去哪儿网移动广告策划方案中的渠道和广告形式的选择，广告实施人员明白只有抓住公众的兴趣点，充分展示用户所想和所能得到的利益和价值，才能引发关注，进而才有可能产生广告效果。

1．开屏广告的实施

图 3-18 所示为去哪儿网开屏广告，上面的广告语简单清晰，关键优惠信息"6"的叠现让用户在 3 秒左右的时间里就可以记住优惠的内容。

图 3-18　去哪儿网开屏广告

2．横幅广告的实施

移动端的横幅广告内容主要是发布产品的优惠信息、节日活动的优惠信息、产品打折信息、新服务新功能推荐信息，用户只需要点击广告条就可以直达活动页面，获得良好的优惠服务体验，如图 3-19 所示。

图 3-19　去哪儿网横幅广告

3．插屏广告的实施

图 3-20 所示为去哪儿网插屏广告，主要采用了自动广告适配和缓存优化技术，制作的炫酷特效能产生强烈的视觉冲击力，拥有更佳的用户体验，从而获取更好的广告效果。

图 3-20　去哪儿网插屏广告

开屏广告、横幅广告、插屏广告都属于图片效果类的广告，广告运营者一般在制作时要掌握以下四个要点。

（1）突出产品及其特征，采用有吸引力的宣传用语，适当弱化公司名称和标识。

（2）突出重点，要用吸引眼球的图片，让用户一眼就记住。

（3）合理安排画面内容，做到主次对比鲜明。

（4）颜色不宜过度夸张，要营造愉悦、舒服的感观感受。

4．信息流广告的实施

微信朋友圈、QQ 空间、微博、百度、今日头条、网易等是典型的信息流广告投放平台。去哪儿网将"驴友"的文章或旅游攻略作为信息流广告的内容，对去哪儿网移动端进行软文广告的推广，并选择在微博、微信朋友圈等社交平台上进行推广。这种推广方式会让用户有一种身临其境的广告体验，用户接受程度自然会更高，获得的用户更精准。

5．积分墙广告的实施

去哪儿网用户端推广中最重要的推广形式之一是积分墙广告，如图 3-21 所示。去哪儿网通过对比积分墙广告的几种形式，最终选定了推广最为稳定的 App 内积分墙形式。

图 3-21　去哪儿网积分墙广告

6. 移动搜索引擎营销（Search Engine Marketing，SEM）广告的实施

百度、UC、360 都有移动端搜索推广，去哪儿网不仅是旅游网站，更是商旅人士的好伙伴。机票是去哪儿网在百度投放广告中的一个关键词。当用户在百度搜索"机票"相关词时，搜索结果就会出现去哪儿网优惠机票的信息广告和去哪儿网 App 下载链接。去哪儿网通过关键词投放来强势锁定需求用户，如图 3-22 所示。

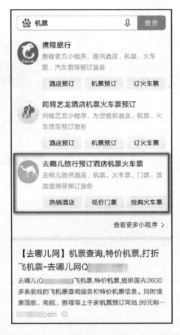

图 3-22　去哪儿网移动 SEM 广告

以上就是去哪儿网在移动设备端实施的广告策略。当然，对于企业来说，做好效果监控是必不可少的，而要想知道移动推广效果如何，最有力的证明就是数据。去哪儿网推广的目的是获取更多的去哪儿网 App 新用户，效果如何自然就要关注 App 的新增用户数、活跃用户数、累计用户数、活跃用户的构成、应用启动次数、页面的访问次数、页面的跳出率、页面的跳转情况等一系列相关数据。

为了确保数据的真实性、有效性、及时性，企业通常会选择第三方数据统计平台协助完成数据的监测。去哪儿网也尝试借助第三方平台来统计和分析应用趋势、流量来源、用户留存、内容使用、用户属性和行为数据，以便利用数据进行产品、运营、推广策略的制定，并实时调整战略。

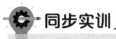 **同步实训**

一、实训概述

本次实训为移动广告的策划与实施实训。学生通过对本项目的学习，能够针对某产品或者企业所实施的移动广告策略进行深入探究，并对其广告的投放目的、目标受众定位、投放渠道选择、投放形式、投放时间段和地域推广效果等做出分析。

二、实训素材

1. 安装有基本办公软件与制图软件的计算机设备；
2. 智能手机等实训设备。

三、实训内容

学生分组，并选出各组组长，以小组为单位进行实训操作。在本实训中，学生自选产品，以该产品企业为实训背景完成对其移动广告策略的分析。

1. 移动广告策略分析

学生结合企业产品特点以及企业发展现状，对企业实施的移动广告策略中目标受众、投放目的、投放形式、环境定向做出分析，并完成表 3-1 的内容填写。

表 3-1　移动广告策略分析

投放目的	
目标受众	
投放形式	
投放时间段和地域	

2. 移动广告实施分析

学生结合上一步的分析，对企业选择的移动广告投放展示形式进行具体分析，并截取对应图片，完成表 3-2 的内容填写。

表 3-2　移动广告实施分析

移动广告投放形式	选择原因	广告设计截图
开屏广告		
横幅广告		
插屏广告		
信息流广告		
积分墙广告		
……		

巩固提升

一、单选题

1. 开屏广告的展示时间是（　　）。

    A. 1～2秒　　　　B. 3～5秒　　　　C. 6～7秒　　　　D. 7～8秒

2. 信息流广告的特点是（　　）。

    A. 隐藏在各类信息中　　　　　　　B. 图片很大

    C. 免费的　　　　　　　　　　　　D. 容易被忽略

3. 在移动广告投放受众分析中不需要分析（　　）。

    A. 性别　　　　　　B. 年龄　　　　　C. 喜欢的颜色　　D. 学历

4. 下列不属于图片广告的是（　　）。

    A. 开屏广告　　　B. 横幅广告　　　C. 插屏广告　　　D. 积分墙广告

5. 积分墙广告的特点不包括（　　）。

    A. 操作简单　　　B. 价格优惠　　　C. 丰富多样　　　D. 智能可靠

二、多选题

1. 移动广告的展现形式有（　　）。

    A. 插屏广告　　　B. 开屏广告　　　C. 私信通知广告　D. 公告

2. 移动广告是通过移动设备访问移动应用时所显示的广告，其广告形式包括（　　）。

    A. 图片、文字　　　　　　　　　　B. 插播广告、视频

    C. HTML5、链接　　　　　　　　　D. 网络广告

3. 移动广告平台属于一个中介平台，连接着（　　）。

    A. 目标消费者　　B. 广告主　　　　C. 应用开发者　　D. 以上均是

三、简答题

1. 移动广告在策划过程中要分析和确定哪些内容？

2. 移动广告有哪些特点？

四、讨论题

投入移动广告时，在展现形式的选择上应注意哪些事项？

五、操作题

为美丽说 App 编写可在多平台发布的信息流广告内容。

项目四
二维码与 H5 营销

伴随互联网的发展、智能手机的普及，"扫一扫""微信抢红包""二维码营销系统""H5"等都已成为热词。二维码是近几年来移动设备上非常流行的一种信息代码，只需用智能手机轻松一扫，就可获得丰富的信息。H5 营销，从 2014 年的初露锋芒到2019 年的全面爆发，已然占据了互动营销的"半壁江山"。例如"H5+人脸识别""H5+视频"等常见的 H5 互动类型，吸引了众多用户参与进来，也让很多企业看到了移动营销的新玩法。本项目将通过介绍如何利用二维码、H5 等营销方式进行引流，帮助学生对移动营销发展过程中的营销新玩法有更深刻的理解。

学习目标 ◀

知识目标

1. 了解二维码的应用领域；

2. 了解二维码在移动营销中的作用；

3. 掌握 H5 营销的表现形式；

4. 了解 H5 营销的技巧。

能力目标

1. 掌握二维码营销的策划与制作方法；

2. 掌握 H5 营销的前期策划、制作与传播方法；

3. 能够完成 H5 营销的效果监控；

4. 具有一定的创意思维能力。

项目情景 ◀

"太阳女神"是一家刚起步不久的淘宝网店，主营潮流女装。该店注重以市场为导向，不断满足用户的需求来调整店铺的供货选择，在强化科学化和规范化管理的基础上建立了良好的运营机制。开店初期，它首先通过"移动端店铺+PC 端店铺"双渠道开展营销活动，并通过微信、新浪微博、抖音等社交网络平台发布带有二维码图片的图文消息进行推广；其次，制作 H5 宣传页面，以此为店铺带来更多流量。

任务一　二维码营销

我们经常和二维码打交道，无论是付款、加好友、网络浏览、下载、订餐，还是会议签到，各项应用都可以通过扫描二维码来完成，如图 4-1～图 4-3 所示。如今，二维码已成为移动互联网市场众多产品的标配，成为渗透至餐厅、地铁、电视、社交等各个生活场所的营销工具，具备极为庞大的用户市场。

图 4-1　扫描二维码完成付款

图 4-2　扫描二维码完成订餐

图 4-3　扫描二维码完成签到

二维码是目前线上、线下模式较常见的切入点。用户通过二维码进行购物、买票、获取优惠券等已成为潮流，其中购物消费是手机网民使用二维码最多的场景。二维码能够提供的内容形式多样，非常适于营销。二维码营销也成了各企业、个体进行营销时必用的营销方式。因此，"太阳女神"将制作具有宣传效果的二维码及广告图片进行投放，将此作为网店的营销方式之一。此次"太阳女神"店铺的二维码营销分为四个阶段：前期策划、二维码制作、二维码投放、效果监控。

▶▶▶ 一、前期策划

前期策划在整个二维码营销实施过程中起引导规划的作用。"太阳女神"计划从二维码内容确定、二维码视觉展示、二维码投放途径确定三个方面着手。

1．二维码内容确定

二维码储存的内容可分为文本、网址、名片、文件、图片等，"太阳女神"利用二维码储存网址的形式进行本次营销，并确定网址为店铺首页链接。

除此之外，二维码中的引导话术也是至关重要的，要求言简意赅，能引起用户关注，可根据营销产品进行创意设计。"太阳女神"主营产品为女装，因此可将二维码的引导术语设计为"给你更精致的美，长按识别二维码"。

2．二维码视觉展示

（1）二维码图像个性化设置

通常情况下我们看到的二维码是以黑白色为主，但事实上彩色二维码的生成操作也并不复杂，并且备受年轻人的喜爱。"太阳女神"在二维码视觉传达上紧扣这点，并将其与图案进行合成，得到个性化并能被扫描设备识别的二维码。基于二维码的纠错功能，即使二维码部分区域被覆盖或丢失，扫描设备依然能够识别出其记录的完整信息。

（2）二维码的视觉优化

无论是二维码的类型、尺寸、颜色，还是二维码中心的图片，都可以根据实际需要进行灵活的设置。

3．二维码投放途径确定

"太阳女神"根据店铺目前的规模将二维码的投放设定为线上、线下相结合，引导用户访问店铺，提升店铺关注度和品牌形象，从而带动客流量和销售量。

线上投放包括关注微信订阅号和微信订阅号内二维码营销等，如图4-4所示。

图 4-4　关注微信订阅号和微信订阅号内二维码营销

线下投放包括购物中心、广场、社区等地点的二维码投放。"太阳女神"尝试用二维码刺激消费者二次购物，在快递包裹、商品购物袋、产品标签上加上店铺地址的二维码，并承诺扫描二维码再次购物有优惠，以此鼓励用户返回线上购物，如图4-5和图4-6所示。

"太阳女神"结合产品特性锁定用户群体，将群体圈定为18～35岁的爱美女性。根据受众特点，确定线上投放平台为微信、QQ、微博以及受女性欢迎的抖音、蘑菇街、美丽说等，线下则以商品购物袋、产品包装的批量印制为主。

（a） （b）

图 4-5 快递包裹和商品购物袋上的二维码

图 4-6 产品标签上的二维码

▶▶▶ 二、二维码制作

完成二维码营销前期策划后，接下来进入二维码制作阶段。

1. 二维码生成器的选取

"太阳女神"完成前期策划后进入二维码制作阶段。在 PC 端，通过百度搜索"二维码制作"或"二维码生成器"会出现很多工具，如草料二维码生成器、联图二维码生成器、微微在线二维码生成器、二维工坊等，如图 4-7 所示。

（a） （b）

图 4-7 在百度上搜索二维码制作工具

"太阳女神"选择了其中的草料二维码生成器进行二维码的制作，如图4-8所示。

图4-8 草料二维码生成器

2. 二维码的基本设置及美化设置

"太阳女神"通过以下步骤完成二维码的制作。

步骤1：二维码的基本设置

首先，进入草料二维码的制作界面，单击功能栏中的网址按钮，将店铺链接添加到地址框中，单击"生成二维码"按钮；然后，调整容错值和图片大小，由于二维码中间需要加入店铺标识，为减少二维码在扫描过程的失败率，需将容错值设置为30%，最终生成二维码，如图4-9所示。

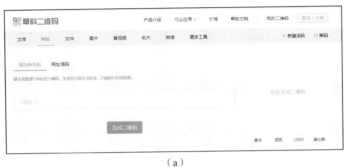

（a）

（b）

（c）

图4-9 二维码的基本设置

步骤2：美化设置

二维码基本设置完成后，为了达到美观的效果，可对其颜色、Logo及美化器进行调整。例如，可对二维码颜色进行设置，并在二维码中上传自己店铺的Logo，如图4-10所示。

图 4-10　上传 Logo

至此二维码的制作就已经完成了。若是还想进一步实现效果的个性化，那么可继续选择美化器，进入快速美化页面，选择较特别的二维码图案以及颜色搭配效果，并且还可根据需要加入图标与文字，如图4-11所示。

图 4-11　快速美化器页面

"太阳女神"结合自身的产品特点及受众对象，选择了经典样式中的第二行第二列的二维码，继续单击"下一步"按钮完成保存即可，如图4-12所示。

（a）　　　　　　　　　　　　　　　　（b）

图 4-12　选择二维码样式

接下来，"太阳女神"在 Photoshop 软件中对二维码进行了二次加工，添加店铺广告图为背景图，以店铺广告语为引导话术制作成了最终的广告图，如图 4-13 所示。

图 4-13　广告图

▶▶▶ 三、二维码投放

完成二维码制作后，"太阳女神"需要根据不同的投放渠道进行二维码的植入营销，包括线上渠道（如微信、微博）和线下渠道等。

1. 线上渠道

"太阳女神"通过微博对二维码进行编辑宣传。"太阳女神"在微博进行推广时，使用图文结合的方式，在文字中加入微博自带表情吸引用户眼球，在图片中除二维码宣传图外，还添加了店内热销服装的图片元素，使内容更具有吸引性，进而激发用户的购买欲，引导用户点击图片、扫描二维码进入店铺，如图 4-14 所示。

此外，"太阳女神"还利用微博的视频、文章、直播等功能对店铺二维码进行了宣传，如图 4-15 所示。

除微博外，"太阳女神"还在自己的微信订阅号的图文消息中添加店铺二维码，通过用户转发、分享图文消息，以增加图文消息的阅读次数和店铺流量。添加二维码图片时，为加深用户印象，一般二维码图片位于文章的开头部分或结尾部分，如图 4-16 所示。

图 4-14　微博推广

图 4-15　微博功能

图 4-16　二维码微信营销

2. 线下渠道

"太阳女神"将设计好的二维码印在店铺宣传页及代金券上，并在人流居多的潮流购物中心发放宣传页，附送代金券引导用户扫描二维码，进入店铺的用户可以享受优惠，如图 4-17 和图 4-18 所示。

图 4-17　二维码宣传页

图 4-18　扫二维码领取代金券

▶▶▶ 四、效果监控

"太阳女神"在做效果监控工作时，主要查看微信公众号和淘宝后台的统计数据，包括微信用户来源、用户增长人数、文章阅读次数、二维码的扫码次数、店铺访问次数、访问人数、用户扫码进入店铺后浏览页面数量、订单数等项目。

任务二　H5 营销

H5 营销是指利用 H5 技术，在页面上融入文字动效、音频、视频、图片、图表、音乐、互动调查等各种媒体表现方式，将品牌核心观点精心梳理、重点表现，可以使页面形式更适合阅读、展示、互动，方便用户体验及分享。H5 技术的运用不但为移动互联网行业的高速发展增添了新的契机，也为移动营销开辟了新的渠道。

不同类型和创意的 H5 在微信朋友圈已流行起来，如"刷屏"朋友圈的"睡姿大比拼""每个人都是一本奇书""拜托了冰箱""后来的我们""个人使用说明书"等。其中，"每个人都是一本奇书" H5 活动在当日的访问量接近 3000 万次；网易云音乐推出的"个人使用说明书"上线 1 小时，访问量超过千万次。"每个人都是一本奇书"和"拜托了冰箱" H5 如图 4-19 所示。

图 4-19 "每个人都是一本奇书"和"拜托了冰箱"H5

作为移动端网店，"太阳女神"意识到 H5 营销的重要性，制作了属于自己的产品宣传的 H5 页面，并对页面进行了推广和效果监控，以下是"太阳女神"实施 H5 营销的整个过程。

▶▶▶ 一、前期策划

"太阳女神"在此次 H5 营销的前期策划中从确定主题、确定页面内容、确定页面形式、确定推广渠几个部分入手。

1. 确定主题

想要吸引用户关注，那么主题就要突出产品特点，同时还要增加创意、避免抄袭。"太阳女神"根据店铺产品风格将这次 H5 营销的主题定为"给你最好的美"。

2. 确定页面内容

"太阳女神"在确定内容时主要从用户角度考虑，采用图文并茂的形式，并添加用户互动功能，促使用户点击，提高用户的活跃度，根据产品本身的定位以及受众的特性来设计 H5 作品。在文案设计中抓住用户心理，添加用户感兴趣的词汇，如"显瘦""某知名艺人同款""个性"等词，同时可根据用户群的不同特征编写标题，吸引用户点击阅读。例如，产品宣传的目标群体是以女性群体为主时，标题可以是"蜕变'女神'，您只需要这一件"；以学生群体为主时，标题可以是"校园清新范，你值得拥有"。除此之外，"太阳女神"将页面数量控制在 10 页以内，以免过多的页面给用户带来视觉疲劳，影响宣传效果。

3. 确定页面形式

"太阳女神"在 H5 页面形式上选择以简单图文为主，通过设置翻页动画、点击特效等简单的交互操作，起到类似幻灯片的效果，这种形式考验了营销内容质量和推广能力。

4. 确定推广渠道

目前比较常见的 H5 页面推广渠道有订阅号图文消息群发推广、微信群和 QQ 群推广、QQ 空间和朋友圈推广、线下二维码推广、自定义菜单栏推广以及"网红"转发等。

"太阳女神"决定借助微信公众平台进行推广，向用户发送趣味游戏、图文杂志、语音问候等形式的内容，激发用户参与或分享，以提升用户与店铺互动的可能性。

▶▶▶ 二、H5 页面制作

1. 制作工具的选择

"太阳女神"在选择 H5 页面制作工具时，结合自己的产品及用途，对常见工具进行了比较，如维本、互动大师（iH5）、人人秀、在线 H5 页面制作工具（Easy.H5）、易企秀等。最终"太阳女神"选择了操作简单的易企秀作为 H5 页面的制作工具，并在这款工具中找到了符合本次营销页面风格的模板。

2. H5 页面设置

"太阳女神"根据前期的策划开始制作 H5 页面。首先，在 PC 端输入易企秀网址，进入易企秀首页，如图 4-20 所示。

图 4-20 易企秀首页

单击首页中 H5 场景的"免费体验"按钮，进行账号注册，然后进入设计界面，如图 4-21 所示。

（a）

（b）

图 4-21 H5 设计界面

在 H5 设计界面中，可在搜索框中输入想要的模板类型，如图 4-22 所示，然后在搜索结果中选择合适的 H5 模板。

图 4-22　搜索 H5 模板

"太阳女神"在搜索出来的模板中选择了一款符合自己店铺风格的模板，如图 4-23 所示，然后在模板的每一页中根据需求依次填写店铺 Logo、店名和本次主题。

图 4-23　设计模板

完成上述操作后，单击"更换图片"按钮，上传制作好的产品图片，然后对图片的样式、动画、触发栏目进行设置，如图 4-24 所示。除了首页和末尾页，其他页面都可以按照以上的操作步骤，通过改变特效及播放顺序达到变化多样的效果。

图 4-24　上传产品图片并设置

最后是制作 H5 页面尾页，可添加一些形状丰盈的画面，并上传店铺二维码，同时将店铺名生成链接，以便于用户通过点击店铺名进入店铺，如图 4-25 所示。

图 4-25　尾页制作

完成以上制作后，单击界面右上方的设置，对 H5 页面进行基本的设置。将 H5 的标题设置为"给你最好的美"，在描述框中填写宣传语，翻页方式设置为人们习惯的左右翻页。在设置过程中，页面左侧会显示制作的效果。设置完成后可以对 H5 页面进行预览，如图 4-26 所示。

（a）

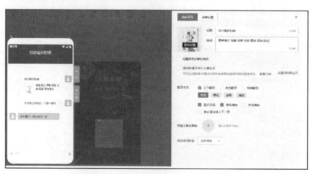

（b）

图 4-26　基础设置及预览

完成 H5 页面制作后，接下来就是发布了。进入发布页后，使用手机扫描二维码进行预览，如图 4-27 所示；也可以在 PC 端单击"预览场景"按钮进行预览，查看播放是否流畅、有无错别字、排版是否有误，检查无误后下载或截图保存二维码，并复制链接，以备后期进行推广使用。

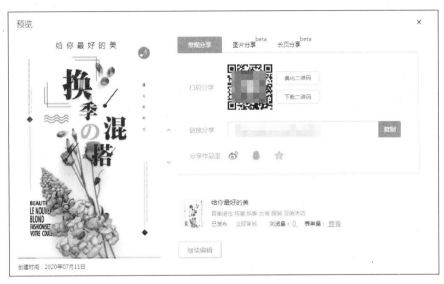

图 4-27　预览效果

三、页面推广

"太阳女神"选择借助微信与微博对 H5 页面进行推广。

以微信推广为例，首先，需要列出所有能用到的资源，并发动内部人员转发，复制链接到目标用户群，并鼓励大家转发朋友圈。在移动端，登录微信后打开 H5 推广页面，点击右上方的分享按钮，可以发送给朋友，也可以分享到朋友圈，如图 4-28 所示。

其次，在 PC 端进入微信公众号后台，在编辑框中填写标题、正文等内容，并上传封面，将 H5 页面的链接复制到"原文链接"文本框中，预览、检查无误后，即可单击"保存并群发"按钮，发布微信订阅号消息，如图 4-29 和图 4-30 所示。

用户在订阅号消息列表中接收到的 H5 呈现效果如图 4-31 所示。用户点击"阅读原文"按钮即可进入 H5 页面，最终呈现效果如图 4-32 所示。

图 4-28　H5 页面微信推广

图 4-29　输入文章内容

图 4-30　插入 H5 页面链接

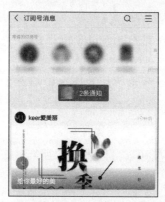

图 4-31　用户在订阅号消息列表中接收到的 H5 呈现效果

图 4-32　最终呈现效果

四、效果监控

"太阳女神"根据 H5 的推广途径监控其流量。微信公众平台的统计栏目中有用户分析、图文分析、菜单分析等，单击"用户分析"按钮，统计自实施 H5 营销以来用户新增人数的全部来源及趋势图，如图 4-33 所示。当然也可使用易企秀的效果统计，查看近期的数据情况，如图 4-34 所示。

图 4-33 微信公众平台数据监控

图 4-34 易企秀数据统计

同步实训

一、实训概述

本实训为二维码与 H5 营销实训。学生通过对本项目的学习，能够利用相关工具进行二维码与 H5 营销，并掌握两种营销方式的实施过程，包括前期策划、内容制作、推广、监控等一系列操作，从而把握二维码与 H5 营销的技能要点。

二、实训素材

1. 安装有基本办公软件与制图软件的计算机设备；
2. 智能手机等实训设备；
3. 二维码制作工具；
4. H5 页面制作工具。

三、实训内容

学生分组，并选出各组组长，以小组为单位进行实训操作。在本实训中，学生以家乡某农产品推广为实训背景进行二维码与 H5 营销。

1. 二维码营销

（1）前期策划

学生根据实训背景，按照要求对二维码的内容确定、视觉展示、投放途径确定做详细说明，并完成表 4-1 的内容填写。

表 4-1　前期策划

二维码内容确定	
二维码视觉展示	
二维码投放途径确定	

（2）二维码制作

学生结合前期策划完成二维码制作，包括二维码生成器的选取、二维码的基本设置与美化设置，并完成表 4-2 的内容填写。

表 4-2　二维码制作

二维码生成器的选择	
二维码基本设置及美化设置	
二维码图片（截图）	

（3）二维码投放

学生对不同的投放途径的优缺点做分析后，选择适合的投放渠道并阐述理由，并完成表 4-3 的内容填写。

表 4-3　二维码投放平台

发布平台	选择的原因
微信	
微博	
……	

2. H5 营销

（1）前期策划

学生结合实训背景，按照要求详细说明 H5 营销的主题、页面内容、页面形式、推广渠道，并完成表 4-4 的内容填写。

表 4-4　前期策划

H5 营销主题	
H5 营销页面内容	
H5 营销页面形式	
H5 营销推广渠道	

（2）H5 页面制作

学生根据前期策划进行 H5 页面的制作，包括 H5 制作工具的选择、页面设置等，完成表 4-5 的内容填写。

表 4-5　H5 页面制作

H5 制作工具的选择	
H5 页面设置	
H5 页面（截图）	

（3）页面推广

学生根据分析不同推广途径的优缺点做针对性推广，并完成表 4-6 的内容填写。

表 4-6　H5 页面推广

发布平台	选择的原因
微信	
微博	
……	

（4）效果监控

学生通过数据统计工具监控 H5 营销的效果，包括访问次数、时间段、转发量等，完成表 4-7 的内容填写。

表 4-7　H5 营销效果监控

数据统计工具的选择	
数据变化（截图）	

巩固提升

一、多选题

1. 进行二维码营销时，需要经过的步骤有（　　　）。

　　A. 前期策划　　　B. 准备工作　　　C. 二维码制作　　D. 二维码投放

2. 要想打造良好的二维码视觉展示效果，就需要对（　　　）进行优化。

　　A. 二维码色彩的选择　　　　　　　B. 二维码图像个性化设置

　　C. 二维码内容优化　　　　　　　　D. 以上均是

3. H5 页面的应用已经相当广泛，它可以应用在（　　　）方面。

　　A. 商业促销　　　B. 海报宣传　　　C. 邀请函　　　　D. 简历名片

二、简答题

1. 移动二维码是如何进行营销的？

2．H5营销有哪些技巧？

三、讨论题

二维码的投放方式有哪些？请举例说明。

四、操作题

请动手制作一个邀请函类的H5页面。

项目五
微信营销

腾讯公司发布的 2019 年第一季度业绩报告显示，微信及微信英文版（WeChat）的合并月活跃账户数已达 11.12 亿人，同比增长 6.9%，可见微信占据的智能终端即时通信市场份额巨大。

正因为如此，很多商家早早就入驻微信，利用其各种功能开展营销活动，从最开始的公众账号、微信小店到现在的小程序，从微信电商社群到朋友圈营销，尽最大可能将微信营销发挥到极致。

学习目标 ◀

知识目标

1. 掌握微信朋友圈互动方式；
2. 熟知微信朋友圈广告展现形式。

能力目标

1. 能够完成微信公众号的定位、申请及设置；
2. 能够独立进行微信公众号营销效果分析；
3. 能够独立完成微信朋友圈运营；
4. 能够独立完成微信群的建立。

项目情景 ◀

i 博导是一个综合成长型的电商教育平台，目标用户群为电商专业在校生或对电商抱有兴趣的有志青年，图 5-1 所示为 i 博导平台首页。

通过 i 博导平台，用户可以开展网络学习，熟练掌握电商行业不同岗位的各项技能，并通过平台的实战任务不断改进、完善自己的工作能力，进而开展职业发展规划，不断突破、成长，直至步入相关企业。

i 博导运营团队为了更好地服务用户，决定使用微信的各项功能为用户提供电商行业资讯及平台信息，如微信公众号、微信朋友圈、微信群等。

图 5-1　i 博导平台首页

任务一　微信公众号营销

一、微信公众号的定位

微信公众号具有消息群发功能。通过公众号，运营者可以在微信公众平台上实现特定群体的文字、图片、语音、视频的全方位沟通与互动，形成了一种主流的线上、线下微信互动营销方式。微信公众号有广泛的受众，不仅能够提供优质的内容，而且有更好的用户黏性，为企业开展微信营销提供了平台。

微信公众号为了在竞争中实现生存、盈利、发展，首先必须明确自身定位。定位明确后才能得到受众的关注，微信公众号的定位可以从以下两个方面入手。

1. 内容定位

微信公众号的核心点在于它的内容呈现，能否持续为用户输出具有一定价值的信息。一个成功的微信公众号需要具有实用性、趣味性、贴近性的特点。运营者在选取内容时一定要按照自身定位，选取合适的内容。例如，i 博导的微信公众号所呈现的内容主要围绕在线教育教学服务，包括电商专业学习资料、行业培训、时下电商行业最新资讯等。

2. 用户定位

用户定位就是微信公众号要有精准用户群。微信公众号有了内容，即有了主题以后，可以根据内容或主题给潜在用户群发送有效信息，以吸引精准的用户。

例如，i 博导面向的用户定位为院校、教师、学生、企业、行业专家等，如表 5-1 所示。

表 5-1　用户定位

序号	用户定位	具体划分
1	院校	全国本科院校、职业院校
2	教师	全国本科院校、职业院校的专业教师和实训教师

序号	用户定位	具体划分
3	学生	全国本科、职业院校电商专业的学生，或其他专业对电商行业感兴趣的学生
4	企业	愿意依托 i 博导平台分摊部分工作内容，以及愿意发现并接收应届人才的各类企业
5	行业专家	i 博导相关培养方向下的各行业专家，如电商方向、职场应用方向等

二、微信公众号的申请及设置

i 博导实施相关的微信营销前，对微信公众号的类型进行了对比分析，发现服务号和订阅号的功能及使用方法截然不同。

微信公众号类型的设置方法均为单击"公众平台-设置-账号信息-类型-服务号/订阅号/企业号-确定"。其中，公众号只有 1 次机会可以选择成为服务号/订阅号，类型选好之后不可修改，需慎重选择。

结合自身特点，i 博导决定以"服务号+订阅号"推广的方式传递自身价值。在微信营销的两个公众号推广内容中，主要以电商知识科普、互联网动态新闻传播及企业相关信息的宣传为主。这些信息的传播使得用户在移动客户端更加方便快捷地了解最新的行业动态及 i 博导所带来的帮助。

步骤 1：注册并认证微信公众号

i 博导通过计算机登录微信公众平台官网。进入首页后，单击右上角的"立即注册"按钮，如图 5-2 所示。填写注册邮箱，设置公众号登录密码，登录邮箱查看邮件，并激活公众平台账号。

图 5-2　微信公众号注册界面

步骤 2：公众号初始化设置

　　"i博导"服务号为平台核心账号，"i博导小助手"订阅号为核心账号提供辅助。公众号初始化设置可分为三个部分：一是公众号菜单栏的设置；二是自动回复语的设置；三是引导图文关注的设置。i博导运营者需在微信公众号后台——设置，如图 5-3 和图 5-4 所示。

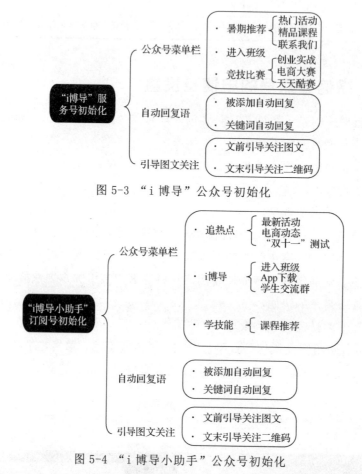

图 5-3　"i博导"公众号初始化

图 5-4　"i博导小助手"公众号初始化

1. 公众号菜单栏的设置

　　公众号菜单栏的设置应该尽量简洁、直观、易懂，如表 5-2 所示。"i博导"服务号和"i博导小助手"订阅号的菜单栏设置如图 5-5 和图 5-6 所示。

表 5-2　"i博导"服务号菜单栏设置

"i博导"服务号菜单栏		
菜单	暑期推荐	进入班级	竞技比赛
子菜单	热门活动	/	创业实战
子菜单	精品课程	/	电商大赛
	联系我们	/	天天酷赛

"i博导小助手"订阅号菜单栏			
子菜单	追热点	i博导	学技能
	最新活动	进入班级	课程推荐
	电商动态	App 下载	/
	"双十一"测试	学生交流群	/

图 5-5 "i博导"服务号菜单栏设置

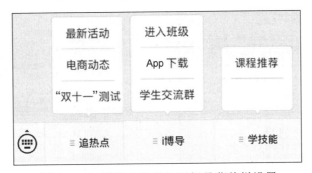

图 5-6 "i博导小助手"订阅号菜单栏设置

2. 自动回复语的设置

自动回复语的设置主要有被添加自动回复语的设置和消息自动回复语的设置两部分。

（1）被添加自动回复语的设置

被添加自动回复语的设置针对目标用户，语言真实亲切。"i博导"服务号及"i博导小助手"订阅号的目标不同，所设置的自动回复语也不同，如图5-7所示。"i博导"服务号的最终导向为 App 下载，而"i博导小助手"订阅号则针对学生和教师用户设置见面礼，诱导产生互动。

（2）消息自动回复语的设置

设置消息自动回复语的目的是与用户产生互动，提升用户体验，如图5-8所示。

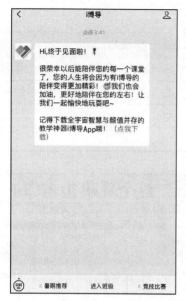

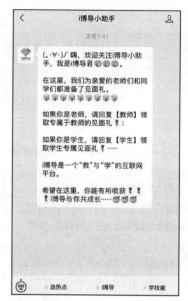

图 5-7　被添加自动回复语

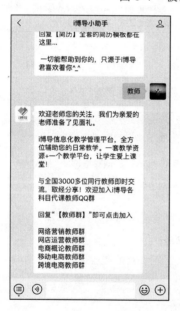

图 5-8　消息自动回复语

（3）引导图文关注的设置

引导图文关注包括文前引导关注图文设置、文末引导关注二维码设置。

① 文前引导关注图文设置

在文前设置引导关注图文，可以促使打开文章的用户关注公众号，增加粉丝数量，如图 5-9 所示。

② 文末引导关注二维码设置

文末引导关注二维码的目的在于促使看完文章的用户转化为粉丝。内容上主要体现公众号的名称、简介等，如图 5-10 所示。

图 5-9　文前引导关注图文　　　　　图 5-10　文末引导关注二维码

▶▶▶ 三、微信图文消息的编写

微信图文消息的转化率对图文消息的标题和内容都提出了很严格的要求。一则优秀的图文消息，能够吸引粉丝在手机上打开阅读并实现图文阅读的转化。如果内容具有很强的吸引力，将触动粉丝点击原文，访问目标网页。

"i博导"服务号运营者接着对微信图文消息的内容进行编辑。这里以"i博导小助手"订阅号为例，首先单击进入订阅号账号，然后单击"管理"选项中的"素材管理-新建图文素材"，进入编辑界面，如图 5-11 所示。

（a）

（b）

图 5-11　微信图文消息编辑界面

进入图文消息编辑区后，对图文内容进行编辑，可以对每个图文内容的标题、作者、封面、正文内容进行编辑。两则图文内容以上的情况下可以进行多图文消息编辑，图文消息总数不能超过 8 则。整体编辑完成以后，单击"预览"按钮，可以将图文信息发送给指定的微信账号进行移动端的预览。检查无误后，最后单击"保存"按钮。图 5-12 所示为"i博导小助手"订阅号图文消息编辑界面。

图 5-12　"i博导小助手"订阅号图文消息编辑界面

单击"保存"按钮，界面直接跳回素材管理页面，页面里有刚保存过的图文信息。每一条保存过的信息都有"编辑"和"删除"按钮，可以单击"编辑"按钮，对图文内容进行修改和调试；也可以单击"删除"按钮，对编辑重复的内容进行删除，如图 5-13 所示。

编辑好图文消息后返回编辑界面，单击"群发"按钮，在该界面可以设置定时群发，如图 5-14 所示。

图 5-13　订阅号素材管理界面

图 5-14　订阅号内容群发编辑界面

每日向订阅号用户发送图文消息是订阅号运营中最基本的一项技能。掌握好这项技能只是掌握了操作的本领，实际上用户更看重消息的内容以及内容的质量，所以运营者应该把更多的精力投入到内容的设计上。对于服务号运营者而言，操作步骤也是同样的，只是服务号对图文消息的发送次数有要求。

▶▶▶ 四、营销效果分析

通过公众号后台数据，运营者能够进行用户精准度验证分析。微信公众号后台提供数据统计功能，包括用户分析、内容分析、菜单分析、消息分析、接口分析、网页分析，如图 5-15 所示。

图 5-15　微信公众号数据统计功能

微信公众号的营销效果可以从以下两个方面展开分析。

1. 用户分析

用户分析界面分为用户增长和用户属性两个板块，如图 5-16 所示。

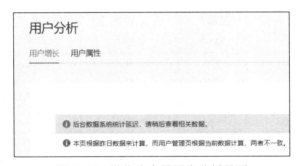

图 5-16　微信公众号用户分析界面

（1）用户增长分析

用户增长分析主要针对公众号目前的新增人数、取消关注人数、净增人数以及累积人数等数据进行分析，并设置趋势图，可检测每天所发送消息的最终效果，检验运营策略是否可行，如图 5-17 所示。

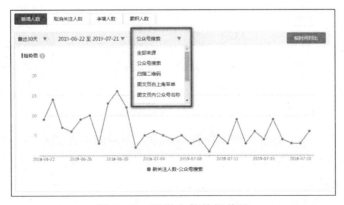

图 5-17　新增人数数据统计

从图 5-17 可以看出，新增人数的来源，主要分为公众号搜索、扫描二维码、图文页右上角菜单、图文页内公众号名称、名片分享等。这些数据能够间接反映出用户行为，如表 5-3 所示。

表 5-3　用户来源及对应行为分析

用户来源	用户行为
公众号搜索	用户来源于互推，或非微信的第三方渠道（网站、QQ 群等）
扫描二维码	用户看完文章后扫码加关注
图文页右上角菜单	用户未看完文章，直接在右上角加关注，这类用户较少用微信
图文页内公众号名称	用户未看完文章，可能被公众号名称、文章标题或下方引导图文所吸引，这类用户来源较多
名片分享	用户对本公众号的认可度高，觉得有价值，自发推荐给朋友

对"i 博导小助手"订阅号的部分用户来源进行整理，得到表 5-4 所示的数据。

表 5-4　"i 博导小助手"订阅号用户来源细分

时间	公众号搜索	扫描二维码	图文页右上角菜单	图文页内公众号名称	名片分享
2019/7/1	0	570	0	570	190
2019/7/2	0	1140	0	2090	0
2019/7/3	570	190	190	2470	0
2019/7/4	0	570	0	2660	380
2019/7/5	0	570	380	3230	950
2019/7/6	0	570	190	3610	190
2019/7/7	190	570	0	2280	0
2019/7/8	0	190	0	950	0
2019/7/9	0	190	190	3420	0
2019/7/10	0	190	0	570	0
2019/7/11	0	0	190	570	190
2019/7/12	0	570	0	1710	190
2019/7/13	1140	570	0	2660	380
2019/7/14	2090	1520	0	3610	0

由表 5-4 可知，"i 博导小助手"订阅号的用户大部分来源于"图文页内公众号名称"渠道，其次是通过扫描二维码加以关注的。对于此情况，结合表 5-3，对用户以"图文页内公众号名称"为主的加关注行为有以下几种解释。

① "i 博导小助手"订阅号名称具有吸引力，引导用户关注。

② 用户被引导关注的横幅所提示。

③ 文章质量较高，用户第一时间关注。

此外，通过"扫描二维码"渠道加入，意味着用户是在阅读完文章后加关注的，此类用户较通过"图文页内公众号名称"渠道进来的用户更为挑剔，同时这类用户更忠诚、更精准且质量更高。

从表 5-4 可以看出，7 月 13、14 日这两天，通过"公众号搜索"加关注的用户明显增多，这是因为此期间公众号内的文章在其他平台被转载了，文章末尾注明了公众号名称和微信号，用户是通过这两个线索找过来的。7 月 5 日，通过名片分享获取的用户忽然增多，可能与前一天的文章受欢迎度高有关。

由此可见，"i 博导小助手"订阅号内容初始化的文前引导关注图文和公众号名称设置较为合理，需要调整的空间不大。

（2）用户属性分析

① 用户的性别分布和语言分布

"i 博导小助手"订阅号的用户在性别分布方面，女性略多于男性，基本呈持平状态；语言分布以简体中文为主，如图 5-18 所示。

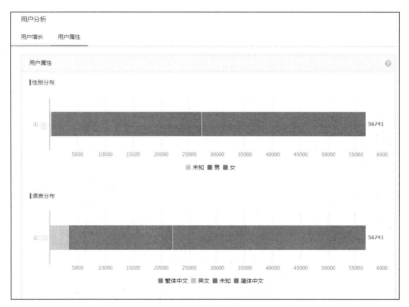

图 5-18　用户的性别分布和语言分布

② 用户的地理分布

在地理分布方面，用户遍布全国各地，其中以广东省和湖北省用户数居多。同时，用户都是主动关注的且都是陌生人。由此说明，"i 博导小助手"订阅号的用户与当初的受众定位是一致的。

2．内容分析

内容分析包括内容优化判别和发现规律两个方面。

（1）内容优化判别

内容优化判别可以从活跃度和诊断问题两方面着手。

① 活跃度

在"消息分析"模块里，可以查询到公众号每一天的关键词回复情况，关键词的回复数量可以作为公众号活跃度的判定指标。

② 诊断问题

进入"图文分析"模块下的"全部图文"，找到"导出 Excel"选项，设定好日期区间，可以将图文数据导出，如图 5-19 所示。

时间	图文页阅读		从公众号会话打开		从朋友圈打开		分享转发		微信收藏人数	
	人数	次数	人数	次数	人数	次数	人数	次数	人数	次数
2019-07-21	2229	3305	563	954	1379	1602	131	151	19	20
2019-07-20	1272	2182	657	1031	368	446	59	73	12	12
2019-07-19	1803	2826	432	750	681	832	72	104	5	7
2019-07-18	5018	7084	452	719	3653	4110	286	355	15	15
2019-07-17	10216	14706	2702	3562	5437	6708	504	727	22	22
2019-07-16	1947	3551	595	1008	680	858	91	126	4	5
2019-07-15	2042	4093	872	1593	615	945	69	105	2	2
2019-07-14	2583	4937	788	1501	1095	1699	117	214	4	4
2019-07-13	5779	11734	991	1834	2429	4197	218	474	2	2
2019-07-12	2158	5161	495	1080	751	1316	107	323	1	4

2019-07-08 至 2019-07-21 ▼ 导出Excel 1/2 ▶ 跳转

图 5-19 图文数据导出界面

导出的图文数据中，无论是"图文页阅读""从公众号会话打开""从朋友圈打开""分享转发"还是"微信收藏人数"，都有"人数"和"次数"两个类别。为了减少重复劳动和精简分析项目，只保留每个分析指标里关于"人数"的部分，并整合用户数据和内容数据，如表 5-5 所示。

表 5-5 发布内容信息诊断表

时间	净增关注人数	累积关注人数	图文页阅读人数	从公众号会话打开人数	从朋友圈打开人数	分享转发人数	微信收藏人数	打开率（一次传播率）	朋友圈打开率（二次传播率）	对应文章
2019/7/8	1140	11970	6460	950	190	380	570	7.94%	1.59%	《大鱼海棠》我还是会去看，毕竟等了 12 年
2019/7/9	3610	15580	29450	1900	3800	950	1900	12.20%	24.39%	此电影为何如此值得期待
2019/7/10	3420	19000	34010	2090	5890	4940	3420	11.00%	31.00%	VR+电商，破解"流量红利"枯竭的新趋势

时间	净增关注人数	累积关注人数	图文页阅读人数	从公众号会话打开人数	从朋友圈打开人数	分享转发人数	微信收藏人数	打开率（一次传播率）	朋友圈打开率（二次传播率）	对应文章
2019/7/11	3800	22800	28500	4940	3800	1140	2280	21.67%	16.67%	选手投票顺序怎么来？由你来决定
2019/7/12	5130	27930	37810	18430	5890	2850	3610	65.99%	21.09%	有颜值，有才艺！你们看看谁才是你认为的"颜王"
2019/7/13	4370	32300	44840	28690	4370	2470	3230	88.82%	13.53%	别怪我无情……
2019/7/14	2850	35150	37240	10640	8360	2470	3420	30.27%	23.78%	玩不了社群营销，这样也照样嗨！（附攻略）
2019/7/15	1330	36480	34960	11020	6460	4180	4750	30.21%	17.71%	【我和 C 实习的故事】C 实习2019 年上半年荣誉教师新鲜出炉
2019/7/16	3800	40280	54910	19760	9500	4940	7410	49.06%	23.58%	13 条震撼建议，教师必转
2019/7/17	760	41040	16720	6460	1900	1900	1520	15.74%	4.63%	朋友圈被这张图刷屏，你或许还没意识到背后有多可怕
2019/7/18	950	41990	6460	1140	570	380	190	2.71%	1.36%	C 实习全国征集第二届高能选手活动圆满落幕啦，恭喜获奖的学生们
2019/7/19	2470	44460	26030	2850	4940	1900	2280	6.41%	11.11%	抵制什么？我来告诉你
2019/7/20	5130	49590	38380	2280	6460	3800	3230	4.60%	13.03%	实习生，我们为什么不要你
2019/7/21	7220	56810	38760	4180	6650	3040	3230	7.36%	11.71%	小心黑色产业链！让你的手机瞬间变"砖头"

一次传播率和二次传播率计算公式如下所示。

一次传播率=公众号打开人数÷累计关注人数

二次传播率=从朋友圈打开人数÷累计关注人数

将上述信息整合在一张表格内，目的在于识别这些天公众号发布内容的优劣情况及发布时间上的规律。

（2）发现规律

① 发现合适的内容方向

从表 5-5 可以看出，7 月 12 日—7 月 16 日，图文页阅读人数、分享转发人数等数据呈现出上涨的趋势，人数比较可观。在发布时间和发布渠道固定的情况下，可以判断出是内容的改变带来了这些数据的协同增长。调出这几天的发布内容，如表 5-6 所示。

表 5-6　内容发布情况

发布日期	类型	对应标题	呈现形式
2019/7/12	教师活动	有颜值，有才艺！你们看看谁才是你认为的"颜王"	图文、投票
2019/7/13	热点事件	别怪我无情……	图文
2019/7/14	娱乐事件	玩不了社群营销，这样也照样嗨！（附攻略）	图文、视频
2019/7/15	教师活动	【我和 C 实习的故事】C 实习 2019 年上半年荣誉教师新鲜出炉	图文结合
2019/7/16	热点事件	13 条震撼建议，教师必转	PPT 分页图片

从表 5-6 可以看出，用户感兴趣的内容主要集中在教师活动和热点事件两方面。此外，用户倾向于图文式的展现形式，阅读体验更直观。上述关于内容方面的选题和展现形式的方法，可作为今后公众号文章素材查找、撰写和编排的方向。

② 梳理出合理的菜单结构

通过"菜单分析"部分提供的数据，可以发现优质的菜单栏目（被点击次数较多的菜单）和不受欢迎的菜单栏目（点击次数较少），从而改进菜单，将开始内容初始化时"埋设"的结构和内容进行优化和更新，以便提高用户留存率。

图 5-20 所示为各级菜单点击次数趋势图，其中，Top5 菜单是指累计点击次数排名前五的菜单。

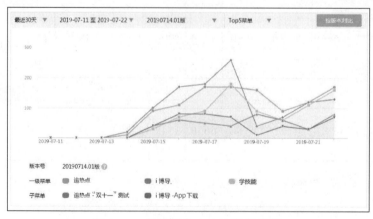

图 5-20　各级菜单点击次数趋势图

从图 5-20 可以看出，一级菜单"i博导"被点击的次数最多。之所以 7 月 18 日点击次数猛增，是因为当天及前一天是外部传播开始日，即公众号的文章在外部网站上进行刊载，同时提供了公众号的 ID 和名称，感兴趣者可以搜索公众号进行添加，这从侧面也反映了外部传播渠道初现效果。

任务二　微信朋友圈营销

微信朋友圈信息网络呈现传播中心多元化的特点，意见领袖的概念被弱化，每个用户的影响力仅限于其所在的朋友圈内。在信息传播网络形成过程之中，各传播主体的贡献趋于平等，这是微信朋友圈与微博信息传播的差别之一。从整个传播网络来看，信息的传递并不伴随着各级分享者的意见和影响力。例如，朋友圈中 A 接收到 B 的信息，对于该信息的分享者 B 及分享者 B 的意见仅能追溯到其朋友圈范围内，A 对信息的理解并不受 B 的身份、意见、影响力的左右。

一、微信朋友圈运营

1．朋友圈内容运营框架设计

微信朋友圈已经成为个人以及机构的一个重要营销阵地，所发布的内容是为了实现某种运营目的，总结下来可以分为三种。

（1）打造个人/品牌形象。例如，分享心得体会、个人经历等以获得情感共鸣；分享资讯信息、"干货"知识、个人生活动态等以获得好感，拉近跟用户的关系，进而建立用户信任，如图 5-21 所示。

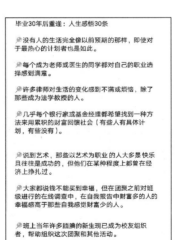

图 5-21　个人生活动态分享

（2）挖掘意向用户。"i博导"服务号设置了成功案例、晒成绩、课程好评、老师好评、分享资料、抽奖互动等模块刺激用户的需求，再加上一系列指令引导，筛选意向用户，进而私聊触达用户进行成交，如图 5-22 和图 5-23 所示。同时，"i博导"服务号选择了留言点赞数排在前 20 位的老师，为其免费提供教材样书，并在朋友圈分享邮寄进度。

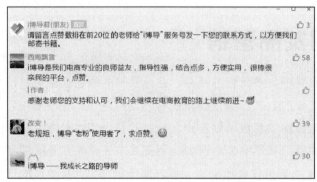

图 5-22　"i博导"服务号留言　　　　图 5-23　i博导朋友圈资料分享

（3）直接推售产品/课程。i博导每年暑期会组织线下的教师培训活动，用户会从朋友圈第一时间得知这些信息，如图 5-24 所示。

图 5-24　教师培训活动信息发布

我们通过以上三种运营目的可以看出，朋友圈内容运营的框架类似于一个金字塔结构，如图 5-25 所示。

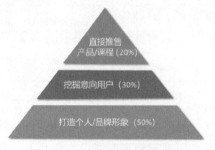

图 5-25　内容运营框架设计

其中，打造个人/品牌形象，跟用户建立信任处在塔底，占据朋友圈内容的50%（仅供参考）；塔的中间部分是挖掘意向用户，占据朋友圈内容的 30%（仅供参考），进一步触达产生成交；金字塔的顶端是直接推售产品/课程，产生成交，这是终极目的，虽然只占据朋友圈内容的20%，但是极为重要，运营者需要分阶段地曝光自己的产品。

2. 朋友圈文案撰写

了解了朋友圈内容运营框架设计后，那么该如何撰写朋友圈文案呢？下面从三类朋友圈文案来详细阐述文案撰写的方法。

（1）形象塑造类文案。运营者撰写该类文案需要先考虑清楚个人标签或企业品牌是什么、目标用户是谁。基于标签，个人或企业希望传递给用户什么样的形象？朋友圈文案撰写公式：场景故事+正向能量＝"人设朋友圈"。例如，一个做宝宝闲置物品平台的运营者，会在朋友圈发布带娃的故事、传递育儿经验，给妈妈们传递正向能量，如图 5-26 所示。

图 5-26　正向能量朋友圈

（2）互动求赞类文案。在个人形象塑造一段时间后，可以使用互动求赞的方式验证运营效果。如果点赞互动少，则需要重新考虑塑造个人形象的方法；如果点赞互动多，就说明运营效果良好，可以进一步考虑是否变现。

例如，设计一份集赞换产品的朋友圈文案。某婚纱摄影工作室设计朋友圈活动，活动文案为"活动真实有效，免费领取价值 170 元 MAC chili 小辣椒口红一支（活动仅限18～28 岁女性朋友），集齐 30 个赞即可领取口红"，简洁明了地阐述了活动内容，将主要信息呈现在图片中，如摄影客片的展示、活动产品图及领取方法，如图 5-27 所示。

图 5-27　某婚纱摄影工作室集赞换产品活动

（3）销售产品类文案。销售产品为朋友圈营销的最后一步——实现变现。在做好前期铺垫及情感链接后，推出切实的产品信息，达到销售的目的。例如，i博导在举办暑期培训时，因前期与用户已经建立了良好的情感链接，因而在这时推出的信息能得到用户的积极响应。

3. 内容形式

（1）原创内容

作为电商教育类的账号，如果每天发布的都是电商类文章，或者都是跟自身企业相关的内容，就会显得过于单一。i博导设定了一个内容主线，日常朋友圈主要内容是 i 博导平台活动发布及电商专业知识实时分享，然后增加其他娱乐性与拓展性内容，如与学生日常学习、生活相关的科普或趣事，并在后台统计了以往各个文章的数据，通过数据分析制订文章发布计划。i博导朋友圈内容如图 5-28 所示。

图 5-28　i 博导朋友圈内容

（2）转发内容

朋友圈转发的内容需要符合自己的朋友圈定位，同时需要增加自己的评论或者摘录文章中的观点。这相当于给文章做背书，可以让朋友更加信任或者产生好奇，会增加点击率。如果转发的是自己的文章，同样需要在转发时加入观点，当别人在朋友圈转发此文章时就可以直接复制该文字描述。

运营者在转发内容到朋友圈的时候，可以偶尔准备一次互动式的文案。由于朋友圈好友看不到某些评论和点赞（只能看到好友的点赞和评论），这时可以在回复某个人的评论时，不要@他，而是直接在文案下回复。这样其他人也能看到，从而更好地起到互动和传播的效果。

二、微信朋友圈互动

除按计划发布微信朋友圈内容外，i 博导运营者还要做好日常微信朋友圈的互动工作。以下是 i 博导日常朋友圈运营中主要的互动类别。

1. 常规互动

（1）及时回答朋友的回复。

（2）主动为朋友发布的状态点赞、评论。

（3）主动参与朋友发起的活动，积攒"人品"。

（4）在重要的节日为朋友送上祝福。

2. 小游戏互动

（1）营销互动游戏。例如，"合体红包""拆礼盒"等营销互动游戏。

（2）H5 小游戏。例如，"围住神经猫""新年求签"等，可以多关注类似的小游戏，有新鲜好玩儿的游戏第一时间分享至朋友圈，与朋友进行互动。

（3）自由发挥类小游戏。例如，根据剧照猜电影；拍摄某神秘物体的一部分，发动朋友猜是什么物体；有奖竞猜，猜中就送小礼品等。

3. 评价类互动

（1）鼓励朋友转发分享。运营者可以通过一定的激励方式，鼓励用户转发参与活动。例如，通过下次购物包邮或直接线下返现的激励方式，引导用户对产品进行评价并分享至朋友圈，这样能让更多的人关注产品和活动内容。

（2）低频率晒评价。运营者可以采用晒评价的方式，将买家的问题和反馈晒出来，这实际上就是拿产品与朋友互动。不过发布这类信息的频率要低，而且表达要委婉巧妙。

4. 有奖互动

有奖互动可以采用评论送礼、有奖问答、集赞赢奖等方式。这种微信内容要求具有诱惑力和吸引力，运营者在设置活动内容的时候，应把重点放在奖品及问题的设置上。如果问题设置很难，奖品又一般，用户参与的积极性自然不高。建议问题设置越简单越好，奖品应有一定吸引力，如在微信朋友圈发起一个对某一张照片进行点评的活动，然后随机抽取十个评论好友送出移动电源等。

▶▶▶ 三、微信朋友圈"增粉"

1. 裂变式传播

当运营者推出一款活动后，用户发现分享此活动可以获得益处，他就会主动进行分享，他的朋友看到分享信息，进来参与后感觉良好，会再次分享到朋友圈或者微信群，周而复始，一个人变成两个人，两个人变成四个人，活动的传播链条就会呈指数级增长，这就是裂变式传播。某在线直播课程平台，通过发送免费课程的方式，进行裂变式传播，如图 5-29 所示。

2. 埋好引爆点

一个活动如果没有埋好引爆点，再好的奖品设置，再好的活动形式，也很难达到预期效果。一个成功的活动，一般来说需要埋好 1～2 个引爆点。

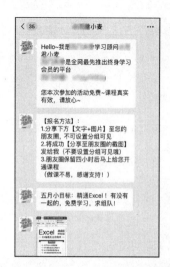

图 5-29　裂变式传播文案

　　例如，运营者可以在传播的图片中呈现获得的课程信息，前 99 人不仅能免费获得课程链接，还能领取配套练习题，如图 5-30 所示。

图 5-30　埋好引爆点文案

四、微信朋友圈广告

　　微信朋友圈广告即在信息流中的广告，其推广模式早已在微博、微信、QQ 空间等社交媒体中出现。用户在刷新页面信息时，类似的单条广告会穿插在信息流中，用户可以在广告下面评论、点赞、转发。微信朋友圈广告不仅有着较强互动性，还能根据用户的地域、使用习惯等因素进行智能投放。

　　朋友圈广告支持自助投放，登录微信公众平台即可查询并开通广告主功能，具体的操作流程如图 5-31 所示。

　　图 5-32 所示为梅赛德斯-奔驰品牌的朋友圈广告，该品牌基于对汽车高端人群的把握，尽可能让潜在受众感受到身份的尊贵、驾驶的激情、权力的掌控等品牌含义。所以，文案主要凸显风驰电掣、睥睨群雄、无限激情等内容。

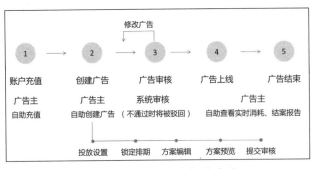

图 5-31 朋友圈广告投放步骤　　　　　图 5-32 梅赛德斯-奔驰朋友圈广告

朋友圈广告按照展示形式分为朋友圈图文广告和朋友圈视频广告。

1. 朋友圈图文广告

朋友圈图文广告由 5 个部分的内容构成：广告主头像与昵称、外层文案、外层图片、文字链接和用户社交互动，如图 5-33 所示。

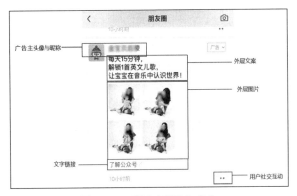

图 5-33 朋友圈图文广告

2. 朋友圈视频广告

朋友圈视频广告同样由五个部分的内容构成：广告主头像与昵称、外层视频、外层文案和用户社交互动，如图 5-34 所示。

图 5-34 朋友圈视频广告

任务三　微信群营销

▶▶▶ 一、建立微信群

建立社群之前，运营者首先要明确建立社群的目的是什么，是为了让更多人更好地了解某个产品，提供某种爱好的交流机会，是为大家的学习成长提供平台，组织纯粹的兴趣团队，是聚集某个圈子的精英，影响更多人，还是做某个群体的情感聚集地。

1. 明确建立社群的目的和目标

建立社群的主要目的有以下几个：销售产品、提供服务、拓展人脉、成长提升、打造品牌，如表 5-7 所示。

表 5-7　建立社群的主要目的

主要目的	说明
销售产品	销售产品，获取盈利
提供服务	服务客户、维护客户关系、挖掘潜在客户
拓展人脉	形成自己的人脉圈
成长提升	一起学习和分享
打造品牌	打造品牌，树影响力

例如，i 博导基于平台用户，组建教师微信学习群，目的是让用户得到更好的服务。教师可以在社群中互相学习，讨论教学经验，同时 i 博导运营人员也会在社群中发布行业最新信息，提供平台最新的资料等。

制定目标时需要明确三个方面的内容：社群规模、建群成本、用户获取。表 5-8 所示为 i 博导制定的近一年的社群运营目标。

表 5-8　建立社群运营目标

目标项一	目标项二	目标详情
社群规模	社群的数量	教师微信群 3 个，学生群 3 个
	每个社群的人数	500 人/群
	周期	3 个月
	业绩	社群中的活动参与度达到 90%
建群成本	人力成本	3000 元/（月·人）×4 人
	获客成本	1000 元/月
	设备成本	计算机两台、手机三部，预计 12000 元
	礼品成本	1000 元/月
用户获取	留存方法	课程直播、课程资料赠送、小游戏
	互动	小游戏、课堂提问、学术探讨
	转化	线下付费培训

2. 构建社群的步骤

步骤 1：社群成员定位

社群是有共同特点和需求的人聚集的结果，构建社群的基础便是这类具有相同爱好和需求的用户。例如，某企业的目标用户是喜爱民族服饰的消费者，那么这部分群体便是"同好"用户（具有相同爱好的用户）。在此基础上创建的社群才能在保持活跃度的同时，不断完成潜在用户的转化目的。

步骤 2：引流"吸粉"，确定群结构

员工引入身边朋友，企业利用各种社交平台发软文广告、在社区贴海报、做活动等线上、线下双重"吸粉"，吸引对产品感兴趣或有想法的人主动加入。当社群有了一定数量的成员后，需要确定和完善群结构。

社群结构有金字塔结构与环形结构两种，运营者组建社群时需要根据社群属性确定社群结构。金字塔结构，常用于学习群，群成员基本上都是追随有影响力的人物进行学习的；环形结构，多用于交流群，每一次群交流，每个人的身份可以互相转化和影响。

步骤 3：制定微信群规则

微信群规则保证了社群的后续有序运营。要长期维护社群，群规则是必要的。制定微信群规则的目的主要是在活跃度和诱发刷屏两者之间寻求平衡点。例如，i博导微信群规则包括以下内容。

（1）加入规则

群成员一律实名制，在菜单栏中对"我在本群的昵称"进行修改。

（2）信息发布规则

信息必须客观、正面，重在价值信息分享；倡导"干货"分享，鼓励进行教学研究成果话题讨论；鼓励发布电商行业相关新闻；严禁发布其他广告；严禁发布负面信息；允许发布内容健康的图片信息；不可恶意刷屏；聊天内容不得恶意诋毁他人；23:30 至 07:30 为休息时间，请勿在群中发信息。

（3）微信群管理规则

微信群统一由"i博导君"管理，执行微信群管理规则，负责群成员实名制、聊天监管、违规处理等；对群成员发布非本群应发内容有权制止，并指导其发布相应的内容，有权终止不合时宜的话题和言论；对发布负面广告信息者警告一次，违者直接清退出群；不得发布带有煽动性、过激性的信息，违者直接清退出群。

▶▶▶ 二、微信群运营

1. 输出有价值的内容

以 i博导微信群为例，核心输出的是优质课程和不断开发与升级的学习资料。此外，群输出内容还包括早报内容——"新闻早知道"（见图 5-35）、主题群话题 / 实时热点、公众号推荐、直播课等。

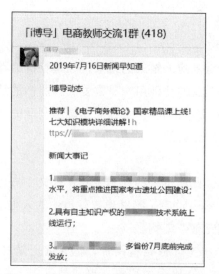

图 5-35　电商教师交流群新闻早知道

内容输出的目的是提高微信群的活跃度和增强用户黏性；让群成员学到知识，收获价值。这样才能留住用户，也是为后续的活动转化做铺垫。

除以上内容外，微信群需做定期活动规划，由群运营团队定期组织群内活动，不断提高群活跃度，如表 5-9 所示。

表 5-9　i 博导平台学生群某一时间段的活动安排

活动名称	活动内容	活动时间	奖励机制
群作业	互联网知识、电商知识、电商大赛知识点及其他根据情况调整的知识点（如网站更新点提问等）	每周三和周五	由群成员答作业题，群主批作业，每月×日在群里公布最佳作业获得者，3 名。偶尔可以在群内以投票的形式选出最佳作业，最佳作业获得者 1 名。奖品有 QQ 会员、各种 Q 钻、电子书、读书券等
群签到	每日一签	每天	金币奖励：一天一金币，连续签到一个月获得 50 金币
群话题	小话题：内容主要围绕学生关注的微博热门话题或者热门事件等	每周一、二、四	无奖励
群游戏	定时炸弹（QQ 群自带小游戏）	时间待定，与群话题结合进行	无奖励
辩论赛	主要围绕电商主题，偶尔可有其他主题	两周一次	胜利队伍每人 1000 金币最佳辩手再得 500 金币

2. 活动转化

活动转化的前提是对群成员有一定的了解，并在他们不排斥的前提下进行，否则就会适得其反。活动转化需要注意：活动策划要针对群成员的需求和属性进行分析，活动要尽量满足群成员的需求；活动营销卖点要有一定力度，能打动群成员，让群成员无法拒绝；活动要设计有奖卖点，让群成员易分享，实现群成员裂变；社群维护人员要对活动转化结果导向负责，以提高活动推广和执行力度。

如 i 博导推广的"彩云之南，各路骨干教师来到博导电商研修社取经！专业实训加实战"活动，结合线上线下针对暑期放假的电商老师进行培训，让老师在获取知识的同时又能观赏沿路美景。

同步实训

一、实训概述

本实训为微信营销实训，目的在于使学生通过实训任务加深对微信营销不同方式的理解和操作能力。学生根据所学内容以及教师的指导完成微信公众号的运营、朋友圈营销以及微信社群营销，从而掌握微信营销的不同技能要点。

二、实训素材

1. 安装有基本办公软件与制图软件的计算机设备；
2. 智能手机实训设备。

三、实训内容

学生以 4~6 人为一组完成实训内容。在本实训中，学生将以学校官方微信公众号为依托，完成微信公众号的运营、朋友圈营销以及微信社群营销。

1. 微信公众号运营

（1）微信公众号定位

学生根据学校专业及招生目标人群完成微信公众号内容定位。

_____

_____

学生对微信公众号的目标人群进行细分。

_____

_____

（2）每个小组成员根据学校的特点制作一篇学校推广文，完成表 5-10 的内容填写。

表 5-10　微信公众号图文编写

标题	
副标题	
正文	
图片	
文前引导关注图文设置	
文末引导关注二维码设置	

（3）各小组根据微信营销图文消息资源，进行微信图文消息文案任务分配，包括图文设计、文案撰写。在完成图文稿件后，在微信公众号内进行排版调试，包括标题显示完整与否、摘要描述语句是否突出主题、封面图片展示是否具有吸引力等，在此基础上进行修改和定稿，定稿完成后将内容发送至微信公众号内，以便实训老师查看。

2. 微信朋友圈营销

（1）使用图片制作软件设计一份学校招生海报。

（2）为图片撰写朋友圈文案，要求文案具有趣味性，字数不能超过 100 个字符。

（3）将内容发布到朋友圈中，每组收集各自的点赞数和评论数。

3. 微信群营销

（1）学生组建 1 个校园篮球群，并加小组成员入群，完成群成员角色分工，并完成表 5-11 的内容填写。

表 5-11　群基本设置与初始群员分工

群名	
群 Logo	
群设置截图	
群成员分工	

（2）学生以小组为单位，完成群规则制定，完成表 5-12 的内容填写。

表 5-12　群规则制定

引入规则	
信息发布规则	
微信群管理规则	

（3）篮球群建立完成以后，请同学们策划一个"吸粉"活动方案，不断增加社群规模，并完成表 5-13 的内容填写。

表 5-13　"吸粉"活动方案

目标人群定位	
第一批种子用户来源	
策划"吸粉"活动	
活动 1	
活动 2	
……	

巩固提升

一、单选题

1. 下列针对微信公众号的说法错误的是（　　）。

　　A. 微信公众平台有更广泛的受众，能为受众提供更优质的内容，有更好的黏性，是企业开展微信营销的重要补充

　　B. 微信公众号具有消息群发功能，通过公众号，运营者可在微信平台上实现特定群体的文字、图片、语音、视频的全方位沟通、互动

　　C. 微信公众号进入门槛低、运营成本低，吸引了大量机构、个人进入运营领域，因此市场中竞争激烈、同质化严重

　　D. 微信公众号作为网络营销中一个新兴的媒体传播平台，其核心点在于营销内容是否有充足的产品广告，能否持续为用户输出产品的信息

2. 自动回复语的设置主要有被添加自动回复语的设置和（　　）的设置两部分。

　　A. 关键词回复语　　　　　　　　B. 消息自动回复语

　　C. 核心信息回复语　　　　　　　D. 取消关注回复语

3. 微信公众号后台数据统计包括（　　）。

①用户分析；②内容分析；③菜单分析；④渠道分析；⑤消息分析；⑥接口分析；⑦网页分析

　　A. ①③④⑤⑥⑦　B. ①②③⑤⑥⑦　C. ①②④⑤⑥⑦　D. ②③④⑤⑥⑦

4. 下列不属于朋友圈营销目的的是（　　）。

　　A. 打造个人/品牌形象　　　　　　B. 挖掘意向用户

　　C. 直接推售产品/课程　　　　　　D. 互动求赞

二、多选题

1. 微信朋友圈文案类型分为（　　）。

　　A. 品牌推广类文案　　　　　　　B. 形象塑造类文案

　　C. 互动求赞类文案　　　　　　　D. 销售产品类文案

2. 微信朋友圈互动类别有（　　）。

　　A. 常规互动　　B. 小游戏互动　　C. 评价类互动　　D. 有奖互动

三、简答题

1. 微信朋友圈如何"增粉"？微信朋友圈广告投放流程是怎样的？

2. 微信群如何建立？微信群输出信息的内容包括哪些？

四、讨论题

微信群营销和其他社群营销的区别是什么？讨论分析微信群营销的优势。

五、操作题

使用自己的邮箱注册微信公众号，对账号进行初始化设置，并完成四篇图文消息的编写及发布。

项目六
微博营销

微博营销是指通过微博平台为商家、个人等创造价值而执行的一种营销方式，也是指商家或个人通过微博平台发现并满足用户的各类需求的商业行为方式。

微博营销已经逐渐渗透到了人们日常生活的方方面面，但是在碎片化的移动互联网时代，大众被海量信息所淹没，想要在众多企业或个人微博中脱颖而出，其难度可想而知。因此，如何在微博大军中赢得用户厚爱，成为微博营销的重中之重。

学习目标

知识目标

1. 了解微博的注册方法和认证方式；
2. 掌握微博内容编辑的技巧；
3. 了解微博互动的方法与技巧；
4. 熟悉微博营销活动的基本流程。

能力目标

1. 具备微博营销策划能力；
2. 能够完成微博营销矩阵的建立；
3. 具备微博基本运营能力；
4. 具备通过数据分析微博营销效果的能力。

项目情景

小米科技有限责任公司（以下简称"小米公司"）是一家移动互联网公司，其核心产品有基于安卓（Android）深度开发的第三方操作系统 MIUI、小米手机、即时通信工具米聊、小米电视和小米盒子等。其中，MIUI、小米手机、米聊是小米公司旗下三大核心业务。"为发烧而生"是小米的产品理念。小米公司 Logo 如图 6-1 所示。

微博营销作为一种营销手段，具有举足轻重的地位。小米公司作为时代潮流企业抓住了这个时机，在各大微博平台上实施微博营销。通过微博这个平台，小米公司通过各种促销或者有创意的活动吸引用户眼球，在很大程度上提高了小米品牌的知名度。

小米公司的微博营销极具典型性，本项目将以其为案例，重点解析微博营销过程中一系列的操作问题：微博账号注册与认证、微博定位与营销矩阵的建立、微博内容发布与互动等。

图 6-1　小米公司 Logo

任务一　微博账号注册与认证

一、微博账号注册

常见的微博平台包括新浪、腾讯、搜狐等。在没有特别说明时，微博主要指新浪微博。考虑到自身时间和精力有限，无法保证所有平台均能达到良好效果，结合各平台用户数、发展潜力等因素分析，小米公司的网络运营团队决定从新浪微博入手。

选择微博平台后，接下来进行微博账号注册。

方法一：在 PC 端登录新浪微博官网，单击"注册"按钮，跳转到注册页面，按照一般的账号注册流程完成微博注册，如图 6-2、图 6-3 所示。

图 6-2　微博注册页面

图 6-3　微博注册流程

方法二：在移动端下载微博 App 进行账号注册，注册流程与 PC 端一致。

小米公司结合自身发展战略决定用小米的中文全拼作为个性域名定义其微博，使之与官网形成呼应，从而提升两者的统一性，以达到"互惠互利"的效果。除此之外，小米公司旗下的 MIUI 微博和米聊微博的个性域名同样使用了中文全拼，与品牌统一，提升品牌的影响力，如图 6-4～图 6-6 所示。

图 6-4　小米公司微博账号首页

图 6-5　MIUI 微博账号首页

图 6-6　米聊微博账号首页

▶▶▶ 二、微博认证

微博认证体系分为个人申请认证及机构认证两种方式。

1. 个人申请认证

在 PC 端登录微博官网后，在微博首页右上角单击"设置"按钮，然后单击"V认证"按钮，弹出"微博认证体系"界面，"个人申请认证"如图 6-7 所示。

图 6-7　个人申请认证

2. 机构认证

在"微博认证体系"界面除了可以申请个人认证外，还可以申请机构认证，机构认证包括企业认证、机构团体认证、政府认证等。新浪微博为完成企业认证的用户提供了更丰富的个性化页面展示功能、更精准的数据分析服务，以及更高效的沟通管理后台，特有的蓝色"V"字认证，更能使粉丝产生信赖。完成企业认证后，企业能够更便捷地与目标用户进行互动沟通，提升营销效果转化，挖掘更多商业机会，并且能更有效地帮助企业积累粉丝基础和挖掘潜在用户，提高企业的信誉度和名誉度。企业在进行加V认证时必须满足以下条件。

（1）微博头像应为企业商标或品牌 Logo。

（2）微博昵称应为企业/品牌的全称或无歧义的简称；若昵称为代理品牌，需体现代理区域。

（3）微博昵称不能仅包含一个通用性描述词语，不可使用过度修饰性词语。

（4）企业提供完成有效年检的《企业法人营业执照》/《个体工商户营业执照》等资料。

（5）微博昵称与营业执照登记名称不一致，需提供相关补充材料，如《商标注册证》《代理授权书》等。

小米公司了解认证条件后，发现自身符合认证条件，因此开始着手准备企业认证资料，资料内容如表 6-1 所示。

表 6-1　企业微博认证资料

基本资料	补充资料
营业执照副本：已通过最新年检的营业执照副本，并将此副本拍摄成清晰彩色照片的形式	自有品牌：商标注册证、软件著作权证等
加盖了红色公司公章的企业认证公函（公函下载详见认证资料提交页面），公函内容手抄打印后拍摄成清晰彩色照片的形式	代理品牌：代理授权书、代理授权合同等
	加盟品牌：品牌加盟证
	企业网站：网站备案信息
	企业实体店：实体店属于企业的文件证明资料，如餐饮服务许可证等
注：所有非中文资料应提供资料原件及加盖翻译公司公章的彩色版翻译件	

将资料准备完成后，小米公司在微博首页右上角单击"设置"按钮，然后单击"V认证"按钮，在弹出的"微博认证体系"界面，单击"企业认证"按钮，如图6-8所示。

图6-8　企业认证

企业认证的步骤如图6-9所示。单击"立即申请"按钮，然后按照要求进行逐步填写并提交，申请过程中需要营业执照和认证公函作为附件上传到系统，并选择付款后即可提交成功（企业进行"V认证"需要每年支付300元的认证费用）。

图6-9　企业认证步骤

提交认证材料后，微博客服会进行审核。通过审核后，企业可以登录申请认证的微博账号，在"消息"—"通知"中看到认证通过的通知，同时获得认证标记，自动升级为企业版。如未通过审核，企业可以登录申请认证的微博账号，在"消息"—"通知"中查看未通过审核的原因，同时微博平台也会有专属客服联系企业，帮助企业通过审核。由于准备充分，小米公司成功完成了微博"加V"设置，如图6-10所示。

图6-10　"加V"成功

任务二　微博定位与营销矩阵的建立

一、微博定位

小米公司对手机消费群体的划分非常精准。首先，将25～35岁的消费群体视为主要目标用户，认为这个年龄段的人群拥有稳定的工作，心态积极向上，普遍乐于接受新事物，对市场的选择有自己独特的见解；然后，在这个年龄段的用户群中再找到喜欢使用手机操作的用户人群（即手机"发烧友"），并最终把手机"发烧友"确定为小米精准营销的用户对象。选择他们的原因是，这群年轻的手机使用人群具备消费的敏感度，能够抓准消费时尚动向，他们的消费行为容易引发消费群体的跟风狂潮。正是目标用户的精准定位为小米公司找到了市场的空白点，小米公司"为发烧而生"的广告图如图6-11所示。

图6-11　小米公司"为发烧而生"的广告图

二、微博营销矩阵的建立

微博矩阵是指在一个企业品牌之下，开设多个不同定位功能的微博，与各个层面的网友进行互动，以达到全方位塑造企业品牌的目的。

表面上，微博矩阵是根据产品、品牌、功能等不同定位需求建立的各个子微博。实质上，它更大的功能是通过不同账号精准有效地覆盖企业的各个用户群体，在战略上通过布点、连线、成面、引爆、监测来实现营销效果的最大化，在微博的世界里让用户各取所需。

微博矩阵的建立并非随心所欲，而是要遵循一定的规律与技巧。品牌微博就如同企业设在微博世界里的办事处，试想办事处一片狼藉（界面无装修）、上班无规律（发布无规律）、经常关着门（咨询无人回应），本身就会给粉丝（潜在用户）造成不好的印象。所以企业必须根据自身需求，考虑如何建立微博矩阵。

小米公司在微博营销方面已经建立了一个比较完整的微博矩阵，如表6-2所示。

表 6-2　小米公司微博矩阵

小米公司微博矩阵建设			
分类	按功能定位	按地域需求	按产品内容
微博 名称	@小米公司 @小米商城 @小米社区 @小米之家 @小米粉丝后援会 ……	@北京小米之家 @广州小米之家 @珠海小米之家 @深圳小米之家 @上海小米之家 @西安小米之家 @厦门小米之家 ……	@小米手机 @小米电视 @小米路由器 @小米平板 @小米盒子 @小米手环 @小米 Note @小米移动 @小米路由器 ……

1. 按功能定位

小米公司按功能定位建立了小米公司、小米商城、小米社区、小米之家等微博，如图 6-12 所示。@小米公司是小米官方微博的主账号，主要对外发布小米公司新动态、小米新产品等内容；@小米商城是小米商城官方微博，引导粉丝关注小米产品，并适时派发福利，如小米新品购买资格、产品特惠、赠送实物奖品等；@小米社区是小米官方对外交流的平台，在这里粉丝可以交流手机使用技巧、了解小米最新动态、参与活动互动等；@小米之家主要面向粉丝，提供官方授权维修、产品防伪查询、售后等服务。

图 6-12　按功能定位建立微博矩阵

2. 按地域需求

为了更好地服务粉丝，小米公司按地域需求建立了各地区的小米之家子微博，便于区域化管理，如图 6-13 所示。

3. 按产品内容

小米公司建立了小米手机、小米电视、小米路由器、小米平板、小米盒子等子微博，如图 6-14 所示，每一个产品分类的微博，主要针对该产品进行内容发布与维护。

微博矩阵中各个微博既相对独立又彼此关联，特别是采用"1+N"矩阵模式中，由一个核心主账号统领各分属账号，各分账号都要围绕主账号展开，保持信息的协调一致。

相对独立是指它们各司其职、各有侧重、定位明确；彼此关联是指各账号相互协调，按公司战略和目标开展运营，在政策、制度、服务上保持统一。

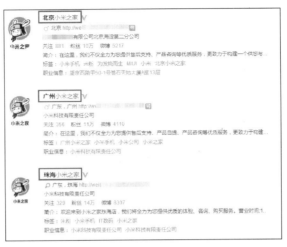

图 6-13　按地域需求建立微博矩阵

图 6-14　按产品内容建立微博矩阵

在互动上既要适可而止，又要随机应变。例如，小米粉丝后援会微博如果经常转发小米公司官方微博上的一些重大新闻事件就不太合适，毕竟该微博是偏娱乐互动功能的。但是，当小米公司官方微博发布即将有新产品上市的新闻时，小米粉丝后援会微博就可以转发，还可以借此举办庆祝活动回馈粉丝。

同一品牌的不同职能或定位的子微博应该在微博头像、昵称、装修风格上尽量保持一致，这也是给粉丝一个统一的视觉识别，如小米公司的各地区小米之家系列微博，都采用卡通形象"米兔"加上"小米之家"文字的微博头像，昵称统一是在"小米之家"前加上不同城市的名字（见图6-15），整齐易辨。微博内容主要依据其功能或需求来制定，所以微博内容各有侧重和特色，符合粉丝不同的需求，彼此相关的微博内容可以适当地转发互动。

图 6-15　"小米之家"微博头像

在运营策略上，一般以大号带小号、以强带弱等策略为主。由于公司精力、投入和业务有侧重点，不可能把所有子账号均打造成大账号，可以先集中优势打造一个大（主）账号，后面再用大账号带动小账号，这样运营起来容易有所突破。

任务三　微博内容发布与互动

⯈⯈⯈ 一、微博内容发布

微博内容可归为两类：原创类和转发类。无论是哪一类，为了便于微博内容的传播与接收，微博在内容的编辑上应语言简短精练、高度浓缩，这就要求微博内容的编辑者在编辑内容时惜字如金。小米公司在进行微博编辑时，遵循了以下几点编辑技巧。

1. 图文并茂

微博内容尽量是文字和图片搭配，有时还可以配置小视频，有图片、视频的微博更能吸引网友，图片、视频需选择精彩、清晰、信息量大等有冲击力的素材。

2. 语言要"新"

微博文风要活泼、有网络特点，注意运用最新、最热的网络词汇；可对民生社会类资讯的标题及文案做一定处理，突出口语化的特点，并引导网友参与讨论。

3. 融合微博特点

微博内容要体现出互动的意向，尽可能地融合"@""##"等标签，以及表情、投票等互动工具。这样才能有效地与粉丝互动，吸引更多的粉丝参与到活动中来。

4. 转发原创技巧

整合转发网友的原创内容时，如采用图片的形式，应尽量以多图拼合，同时加上针对事件的一些推荐内容、账号等，如图 6-16 所示。

图 6-16　#我心澎湃#内容

小米公司在编辑微博内容时大多数采用的是原创内容，每一条内容都贴合微博营销的需求，从产品促销等角度刺激粉丝转发微博、下单购买，对小米公司官网产品做了相应的营销。图6-17所示为小米手机微博的原创内容，采用"文字+视频"的方式，其中视频采用公司自有产品进行拍摄，内容以新品营销为主，并加入抽奖活动，旨在通过微博平台的发布获取更多网友的关注，从而提升活动产品的销售量。从营销的角度出发，微博内容展示的是小米手机在新品发布期间的信息，在展示小米公司品牌影响力的同时激发了潜在微博客户端关注者的购买欲。

图6-17 小米手机微博的原创内容

图6-18所示为小米公司微博的原创内容，主要以引导粉丝通过"转、评、赞"微博的方式获取惊喜礼品。通过这种抽奖活动形式，小米公司能更有效地与粉丝形成互动，并在一定程度上通过粉丝自发参与的行为，进一步扩大品牌的影响力。同时，从营销的角度出发，微博内容中使用了微博的话题功能和@功能，这些功能的使用不仅加大了微博内容的曝光率，也能更好地拉近公司与目标受众彼此之间的距离。

图6-18 小米公司微博的原创内容

而在转发类内容上，小米公司微博同样以将小米公司主打产品及粉丝之间的互动、评论和转发等内容形成联系为主。图6-19所示为小米发起的#米粉节#话题，内容以调查粉丝对"米粉节"中小米产品购买意向为话题核心，引导粉丝参与"你想入手的有＿？"的互动问答，通过与网友之间的互动，让更多人参与到"米粉节"活动中，在彰显公司魅力的同时，博得更多粉丝的关注和共鸣。小米公司则是以在转发的过程中随机抽取 1

名粉丝，赠送其小米手环 4 的信息呈现，鼓励更多粉丝参与。这样的做法不仅推动了微博内容的传播，而且还能激发潜在用户的购买欲。

（a）

（b）

图 6-19　#米粉节#话题

在完成微博内容发布后，工作人员需要实时关注微博发布的效果，包括微博的转发量、评论及粉丝的增加与减少等方面，并通过效果监控为后续的微博内容做出调整和规划。

▶▶▶ 二、微博互动

微博营销的优势是企业可以直接与粉丝进行对话和互动，互动的效果能影响到营销的效果。微博互动主要有两种形式：一是与粉丝在评论区进行互动；二是发布微博活动进行互动。

1. 与粉丝在评论区进行互动

与粉丝在评论区进行互动是微博互动最常见的一种形式。在每一条微博内容下，都少不了要给粉丝回复和引发互动，从而达到更好的导流效果。那么，除了及时给予粉丝回复外，还有哪些互动技巧呢？可以通过图 6-20 和图 6-21 中的互动内容进行了解。其中，图 6-21 所示为小米手机微博在发布一条内容后，子微博都加入微博互动的引导工作中来，参与和粉丝的交流和沟通。

图 6-20　微博评论区互动

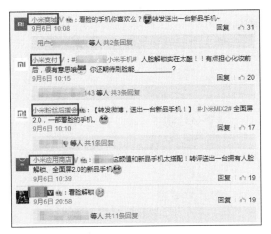

图 6-21　子微博引导粉丝交流

在与粉丝进行互动时，要有选择性地对粉丝进行回复，被选为回复对象的粉丝所发内容应该具有良好的互动性、可回复性；在具体回复时采用活泼、俏皮、对话式的语气，既能拉近与粉丝的关系，又能引发后续粉丝互动，从而达到良好的引流效果，如图 6-22 所示。

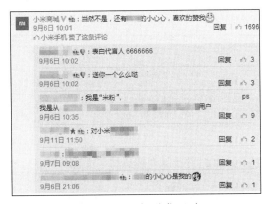

图 6-22　回复引发互动

2. 发布微博活动进行互动

要想展开互动，首先要调动互动。调动互动最好的方法就是调动粉丝参与。对于网店来说，在微博端能做的有效互动，便是发布一个互动内容，召集粉丝参与，并选取参与的个别粉丝给予一定的奖励。奖励的形式多样，可以是产品、试用、优惠券等。

图 6-23 所示为小米手机微博转发小米公司微博宣传"小米松果芯片发布会"的微博内容，加上一个造句的互动："想到＿＿，#我心澎湃#"，并抽取参与者赠送小米神秘新品一台。从直接数据上来看，此次活动仅参与评论数就有 3338 个，产生了良好的互动效果，为小米松果芯片发布会进行了很好的导流。

从图 6-23 中还可以得知，活动的设置要有一定趣味性，以吸引粉丝参与。这种互动形式有益于"粉丝"对企业微博持续关注。"粉丝"在参与活动的过程中，不知不觉地为小米商城贡献了流量。

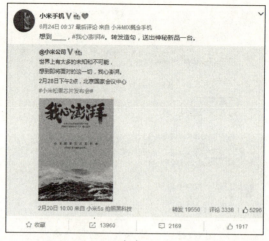

（a）

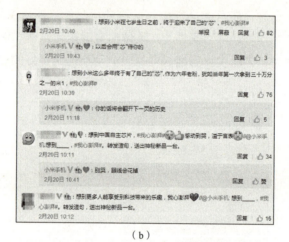

（b）

图 6-23 发布微博活动进行互动

　　微博拉近了企业与用户之间的距离，用户在使用了企业提供的产品后，可以利用微博对产品进行反馈交流，而企业也可以及时将企业信息及产品信息传递给用户。积极的互动能够保持企业与用户的密切关系，提高用户忠诚度的同时，增加企业商城的流量。

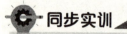 同步实训

一、实训概述

　　本次实训为微博营销实训，内容包括策划微博营销方案、微博营销实施、微博内容编辑及发布、效果监控与评估等实践操作。学生通过本次实训，加深对微博营销知识内容的认知，以及对微博营销技能要点的掌握。

二、实训素材

1. 安装有基本办公软件与制图软件的计算机设备；
2. 智能手机实训设备。

三、实训内容

学生分组，并选出各组组长，以小组为单位进行实训操作。

1. 策划微博营销方案

（1）教师布置实训背景，如选择一个当地特产，要求学生为当地特产建立一个官方微博，并进行运营，学生分析实训背景资料，明确实施原因、营销目的及目标受众群体。

（2）根据微博营销目的及受众群体进行微博营销策划，完成表6-3的内容填写。

表6-3　策划微博营销方案

实施原因	
营销目的	
实施步骤	
微博营销方式	
微博内容编写	
微博发布	

（3）制订进度计划书，明确工作进度与人员分工，并完成表6-4的内容填写。

表6-4　微博进度计划书

班级		所属小组		姓名	
账号名称	设计符合"背景"内容的微博账号名称，并简要说明设计缘由				
头像设计	设计符合"背景"内容头像，并简要说明设计缘由				
功能介绍	注意功能介绍要简洁，有重点，有方向				
特色亮点	给微博定营销方向，突出特色				
账号主体	企业名称				
我的任务总结	完成上述任务后获得的经验心得等				

2. 微博营销实施

（1）针对企业和个人需求，进行微博营销分析。

（2）根据营销分析的结果，进行移动微博营销实施的前期规划。

（3）根据规划，制定微博营销实施流程，并完成表6-5的内容填写。

表6-5　微博营销实施

任务名称	步骤名称	实训内容
微博营销实施	步骤1：关注、查看和学习微博营销案例并进行分析	以小组为单位关注、学习其他微博营销实施案例；在移动电商实训室内，规划、设计、创建并运营一个微博营销账号
	步骤2：规划和设计微博营销实施方案	
	步骤3：微博营销具体实施	

3. 内容编辑及发布

（1）根据微博营销主题确定微博内容主题，进行简短的营销性质的微博内容发布。

（2）选择微博平台中的热门话题编写微博内容，提高微博访问量。

（3）转发与微博营销相关的热点或精彩内容，提高微博的访问量。在微博内容编辑过程中，应注意语句精练顺畅，避免出现语法错误、错别字等问题。

（4）将编辑修改完成的微博话题内容进行发布。

（5）将自己转发量较多和评论量较多的微博发至自己所加入的微信群。

（6）转发评论其他人的微博，增加与他人的互动，进行自身微博的推广。

进行微博内容编辑实训，并完成表6-6的内容填写。

表6-6　微博内容编辑

任务名称	步骤名称	实训内容
微博内容编辑	步骤1：关注、查看和微博营销内容选题	以小组为单位，关注和学习其他微博内容编辑案例；在移动电商实训室内，针对自身微博账号属性，进行微博内容的编辑和发布
	步骤2：规划和设计微博内容表现形式	
	步骤3：微博内容具体编辑实施	

4. 效果监控与评估

（1）查看微博的粉丝量、微博的转发量、评论量。

（2）查看微博营销给自己推广的网站或网店带来的访问量数据。

（3）分析微博营销的总体效果。

（4）查看其他人微博营销的效果并评估。

进行微博营销效果监控与评估实训，完成表6-7的内容填写。

表6-7　微博营销效果监控与评估

任务名称	步骤名称	实训内容
微博营销效果监控与评估	通过微博数据分析工具，统计相关微博营销内容的评论、转发、点赞的数量	在移动电商实训室内利用相关数据分析软件，评估此次微博营销的效果，为今后的微博营销优化提供借鉴

巩固提升

一、单选题

1. 企业微博认证的是（　　　）。

A. 金V　　　　B. 橙V　　　　C. 红V　　　　D. 蓝V

2. 以下关于微博矩阵的说法错误的是（　　）。

    A. 微博矩阵是指在一个企业品牌之下，开设多个不同定位功能的微博

    B. 采用"1+N"矩阵模式时，由一个核心主账号统领各分属账号，各分账号信息应进行差异化处理

    C. 微博矩阵的建立并非随心所欲，而是要遵循一定的规律与技巧

    D. 建立合理的微博矩阵不仅可以满足不同用户的需求，更可以有效精准辐射用户群体，尽可能扩大企业影响

3. 微博账号定位需要考虑的方面不包括（　　）。

    A. 服务人群　　　　　　　　　　B. 企业自身形象

    C. 微博运营目的　　　　　　　　D. 运营者个人喜好

4. 以下微博互动的方式不正确的是（　　）。

    A. 直接复制他人的微博，将其变为自己的

    B. 转发他人微博，加入自己的观点，并@他

    C. 转发别人的微博并加入自己的观点，以期形成互动讨论

    D. 发布相关微博，并@他

二、多选题

1. 企业微博认证需要准备的认证材料有（　　）。

    A. 营业执照　　B. 企业员工信息　C. 认证公函　　D. 企业文化

2. 微博内容可以发布的内容形式有（　　）。

    A. 纯文字　　　B. 图文　　　　　C. 视频　　　　D. 微博长图

3. 以下关于微博互动的说法正确的是（　　）。

    A. 官方微博只需发布企业官方信息，应和粉丝保持距离

    B. 与粉丝评论进行互动，是微博互动最常见的一种形式

    C. 发布微博活动进行互动

    D. 子微博不能参与引导交流

三、简答题

1. 哪些方面可以进行微博内容规划？

2. 如何进行微博互动？

四、讨论题

试讨论移动端微博营销对企业的价值。

五、操作题

在移动端，注册一个微博账号，策划一个营销内容，制作完成后在微博账号上发布。

项目七
短视频营销与直播营销

随着智能硬件及网络的快速发展与普及，当流量、带宽、资费、终端等都不再成为问题，尤其是在视频移动化、资讯视频化和视频社交化的趋势带动下，视频营销尤其是短视频营销和直播营销正在成为新的品牌营销风口。流量大势所趋，各大品牌主也接连布局短视频和直播营销战线。

学习目标

知识目标

1. 了解短视频营销的概念和优势；
2. 了解短视频营销策划的要点；
3. 了解直播营销的优势及直播平台的分类；
4. 了解各大常见直播平台的特征。

能力目标

1. 掌握短视频营销策划与实施的步骤；
2. 掌握直播营销策划与实施的步骤。

项目情景

"江西特产商贸"是一家以销售江西当地特色产品为主的淘宝店铺，随着短视频和直播平台的迅猛发展，店主小李想抓住这个机遇，利用短视频营销和直播营销的方式提升网店的流量与销量。

任务一　短视频营销认知

>>> 一、认识短视频营销

短视频是一种视频长度以秒计数，主要依托于移动智能终端实现快速拍摄与美化编辑，可在社交媒体平台上实时分享和无缝对接的新型视频形式。各平台短视频的共同特点就是播放时间短，包含了大量趣味性强、能引发观众共鸣的信息。短视频的出现是对社交媒体现有主要内容（文字、图片）的一种有益补充，同时，优质的短视频内容亦可借助社交媒体的渠道优势实现病毒式传播。所以，短视频营销也可以理解为企业和品牌主借助短视频这种媒介形式用以社会化营销的一种方式。

▶▶▶ 二、短视频营销优势

1. 壁垒更高

制作短视频是比较专业的一个工作，需要好的编导、分镜、脚本、策划、摄像师、剪辑师、音乐师等人员，少则几人，多则几十人，都是专业性工作人员，壁垒更高。

2. 品牌更强

短视频相对于其他形态来说，更能够去植入或传达品牌形象和产品形态。因为它的维度非常多，有人的维度、画面的维度、场景的维度、情节的维度等，用户的可接受程度更高。

3. 互动更多

短视频维度多，意味着用户可以互动的场景就多。在专门的短视频平台上，用户可以投稿，稿件内容可以是自己拍摄的一段视频，也可以是模仿他人的作品。

4. 渠道更广

在短视频平台上，一方面，每个用户都可以转发、评论、点赞任何一条视频；另一方面，用户可以将视频分享到微博、微信、QQ空间等外部社交平台，众多的平台意味着众多的流量。

任务二　短视频营销策划与实施

▶▶▶ 一、短视频营销策划

短视频营销主要从目的、内容、推广渠道三个方面进行策划，具体如下。

1. 确定短视频营销目的

短视频营销目的的确定，会为短视频内容策划提供方向。短视频营销的目的包括以下6点。

（1）答疑解惑

拍摄产品短片，为用户解答疑问是短视频营销最基本的应用。这类短视频能够在有限的时间内直观地展现品牌的专业性和权威性，旨在为用户提供一种便利的方式来解决问题。

（2）推介产品

将产品的制作过程拍摄成一个短视频展现给潜在用户，是一种利用短视频功能的营销方式。

（3）增强互动

借助短视频，邀请用户参加有奖活动，拉近和用户之间的距离，与用户形成良好的互动。

（4）展示形象

短视频营销提供了一个让企业充分展示品牌文化和产品特点的机会。

（5）促销推广

将镜头转向产品，并加入个性化的元素，配合相应的促销信息，这种方式比传统营销方式更能提高转化率。

（6）节假日营销

节假日是企业与用户互动的关键节点。随着短视频的兴起，节假日营销也进入了新的纪元，以节假日为主题的短视频营销成了企业与用户建立关系的方式。

2. 短视频内容策划

确定了营销的目的，就要有针对性地进行短视频内容的策划。运营者在进行内容策划时应该从以下三方面入手。

（1）注重用户体验感

短视频内容越来越多，用户对短视频的要求也越来越高。在进行短视频内容策划时，运营者要重视用户的体验感，不要只把用户当成播放量的一个数据。重视用户，播放量自然就来了。

（2）注重互动性

短视频最忌讳的就是自说自话，认为只要自己做好了就会有观众来看。短视频重点不在于短，也不在于视频，关键在于观众，视频应该围绕观众来构架。围绕观众构架短视频很重要的一点就是要有互动性，因此，在进行短视频内容策划时可以选择互动性强的话题。

（3）保证创意度

短视频由于时间的限制不适宜承载信息量过大的内容，需要表现出创造力、独特性和原创性，可以在创作题材方面发挥，如将产品、功能属性等融入创意，结合流行文化趋势或当下热点进行策划。

3. 确定短视频推广渠道

目前短视频的传播渠道有推荐渠道、媒体渠道、粉丝渠道等。推荐渠道主要是由平台推荐来获取播放量的，如今日头条、抖音等；媒体渠道是借助媒体平台进行传播获取播放量的，如新浪微博、腾讯视频等；粉丝渠道是基于平台粉丝进行传播获取播放量的，如秒拍、美拍等。

在挑选视频发布平台及推广渠道时，切忌盲目跟风，应该结合自身品牌调性、产品特点、用户属性和营销目标进行合理规划，可以借助表 7-1 所示的内容进行梳理。

表 7-1　短视频推广渠道规划

渠道	平台
推荐渠道	今日头条、抖音等
媒体渠道	新浪微博、腾讯视频等
粉丝渠道	秒拍、美拍等

》》》二、短视频营销实施

短视频营销实施的主要内容包括短视频录制、短视频剪辑与短视频推广，具体操作如下。

1. 短视频录制

这里我们主要介绍当下较流行的两款短视频 App：抖音和美拍。

（1）抖音

抖音是一款可以拍摄短视频的音乐创意短视频社交软件，如图 7-1 所示。该软件于 2016 年 9 月上线，是一个专注年轻人的音乐短视频社区。抖音为用户创造丰富多样的玩法，让用户在生活中轻松快速产出优质短视频。

图 7-1　抖音界面

进入抖音 App 界面后，点击手机屏幕下方中间的"＋"图标即可开始录制。抖音提供了拍照、拍 60 秒、拍 15 秒、影集以及开直播等功能，为用户提供了多种选项。在拍摄界面最上方点击"选择音乐"按钮，用户可为拍摄的短视频配乐，如图 7-2 所示。在拍摄前，用户还可以添加不同的滤镜或设置美化功能，使短视频的效果更加完美，如图 7-3 所示。

录制完成之后，进入后期效果添加页面，如图 7-4 所示。点击"特效"按钮后，用户可以选择不同的特效模式，包括滤镜、分屏、转场等选项，设置完成后点击"保存"按钮，如图 7-5 所示。返回图 7-4 所示页面，点击"下一步"按钮，进入发布页面，如图 7-6 所示。至此，整个短视频录制工作已完成。

图 7-2　选择音乐　　　　　　　　　图 7-3　添加滤镜

图 7-4　录制完成界面　　　图 7-5　设置特效　　　图 7-6　发布短视频

（2）美拍

美拍是美图秀秀出品的短视频社区，通过各种音乐短片（Music Video，MV）特效对普通视频进行包装，呈现出不同的"大片"效果，凭借清晰唯美的画质，迅速成为备受追捧的短视频应用，如图 7-7 所示。

图 7-7　美拍界面

进入美拍 App 界面后,点击屏幕下方中间的""图标即可开始录制。拍摄完成后,用户可以选择添加滤镜或应用内置的 MV 模板。美拍提供了多种 MV 特效模式,包括情书、摩登时代、樱花等,内置了大量背景音乐,如图 7-8 和图 7-9 所示。

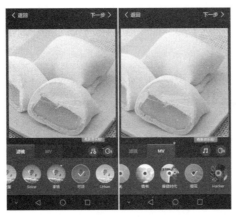

图 7-8　添加滤镜

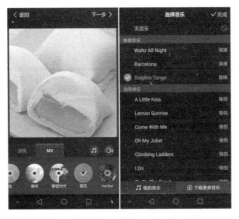

图 7-9　添加背景音乐

不同的 MV 模板拥有不同的展示效果,相同的是这些模板会自动进行视频分段、配乐及添加滤镜,从而将视频打包成一个完整的短 MV,如图 7-10 所示。

图 7-10　录制完成生成视频

2. 短视频剪辑

录制完短视频，需要对短视频进行剪辑。这里我们选择"爱剪辑"软件对视频进行简单的剪辑。

在 PC 端，安装并登录"爱剪辑"软件后，单击软件界面左侧的"添加视频"按钮，找到需要剪辑的视频文件后选中该文件，然后再单击"打开"按钮导入视频，如图 7-11 所示。

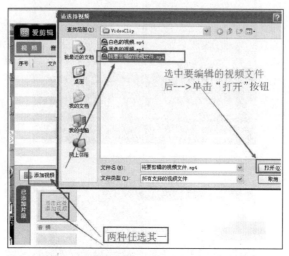

图 7-11　导入视频

完成导入视频后，即可开始对视频进行剪辑。"截取"选项就是剪辑功能键，该选项里面的两行数字，第一行代表视频的起始位置，第二行代表视频的结束位置，这两行数字代表了该视频的总播放时间，如图 7-12 所示。

图 7-12　爱剪辑软件"截取"选项

选择视频的开始时间和结束时间即可完成对视频的剪辑，如要剪辑掉这个时长为 12 秒 900 毫秒的视频的前 2 秒和后 5 秒，则将"开始时间"改成"00:00:02:000"，将"结束时间"改成"00:00:07:900"，如图 7-13 所示，即可剪辑掉该视频的前 2 秒和后 5 秒；如要剪辑掉中间的部分视频，先需要通过剪辑保留前一段正常的视频，然后再打开这个文件剪辑掉前一段以及不需要的中间视频，从而得到后一段的视频，最后将两个视频合并即可。

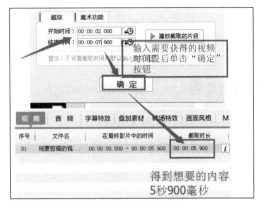

图 7-13　剪辑视频

完成剪辑后单击"导出视频"按钮，在导出页面设置视频信息，选择导出路径后单击"导出"按钮，即可导出剪辑好的视频，如图 7-14 和图 7-15 所示。

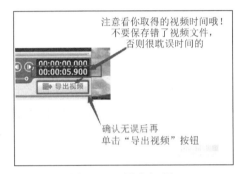

图 7-14　导出视频 1

图 7-15　导出视频 2

3．短视频推广

为确保制作好的短视频能够得到良好的展现，合理的推广方式必不可少，以下是短视频推广常见的四种方式。

（1）通过自媒体平台进行推广。主动寻找一些自媒体平台商量合作事宜，如今日头条、优酷以及蜻蜓 FM 等，这些自媒体平台也需要有创作实力的个人和团队的加入。

（2）与受众一致的商家进行合作。加入一些联盟之类的群体，借助群体进行推广。

（3）多平台分发。例如，微博、微信、QQ 空间、百度贴吧、豆瓣等，选择与受众匹配的其他多渠道推广短视频，保证曝光量。

（4）有一定资金实力或资源的，可以联合一些"网络红人""大 Ⅴ"等一起捆绑推广。

任务三　直播营销认知

随着互联网平台的极速发展，以及新媒体与短视频的完美结合，一些企业和个人开始从中寻找新的模式来展示自己。直播平台被他们看中，成为火热的营销渠道。互联网

"巨头"们也从中看到了更多的商机和盈利模式，或投资或自主开发，纷纷涌入直播平台领域，期待在其中占有一片"新天地"。

一、直播营销优势

1. 新闻效应的强化

直播营销，从某种意义上来说，是在当下的语境中进行一场事件营销，除了其本身的广告效应外，还具有明显的新闻效应，更容易引起传播和关注。

2. 用户群的精准体现

在观看直播视频时，用户需要在特定的时间内共同进入直播页面，这种时间上的限制，能够真正识别出忠诚度高的精准目标群体。

3. 与用户的实时互动

相较于传统的电视，互联网直播能够满足用户多元化的需求，如"发弹幕""送礼物打赏""连线要求"等，这种互动更具有真实性和立体性。

4. 情感共鸣的产生

当下信息碎片化、语境去中心化明显，人们在日常生活中的情感交流越来越少，直播能够让具有相同兴趣的人聚集在一起，聚焦在共同的爱好上，彼此之间相互感染，产生情感共鸣。

二、直播平台分类

进行直播营销，首先需要根据自身定位及实际情况选择一个合适的直播平台。常见的直播平台按照直播内容可以分成以下三类：社交类直播平台、购物类直播平台、娱乐类直播平台。

1. 社交类直播平台

例如，映客直播、美拍、花椒直播、一直播等，这类直播平台具有良好的社交属性，而且用户使用较为便捷，利用手机 App 即可开启直播，进入门槛较低。

2. 购物类直播平台

例如，淘宝直播、唯品会直播等，这类直播平台中的主播利用"直播+电商"的方式和平台上的用户互动，从而达到销售产品的目的。购物类直播平台以产品销售为主，转化率对比其他类型的直播平台更明显，但进入门槛较高。

3. 娱乐类直播平台

例如，YY 直播、六间房直播、奇秀直播等，这类直播平台中的主播利用书法、音乐、舞蹈等才艺与用户互动，娱乐类直播平台的覆盖面更高，用户基数大，用户黏性和活跃度也会更高。

▶▶▶ 三、常见直播平台介绍

随着直播潮流的涌动，国内市场诞生了如映客直播、花椒直播、斗鱼直播等一大批全民直播平台，每个平台的优势与内容倾向都不相同。若想要选择合适的平台，就要先了解这些平台。

1. 映客直播

映客直播是一款实时直播类社交平台，其 Logo 如图 7-16 所示。映客直播 App 主打"素人"直播理念，开创了"全民直播"的先河。用户只需拿出手机打开映客直播 App，可一键直播，让全平台观众随时随地观看，点赞聊天。

图 7-16　映客直播 Logo

（1）映客直播的定位

映客直播主打偏时尚类的社交视频直播，实时传递高清画质，支持在线人物美颜，其将目标主播聚焦于"90 后""95 后"群体，内容偏向于生活话题。

（2）映客直播观众的特点

映客直播的主要观众集中在 20～29 岁，男女比例大约为 6:4。该年龄段的观众对新鲜事物的猎奇心很强烈，可支配的自由时间相对较多，消费水平也相对较高，是移动直播领域的主力军。

（3）垂直内容打造

映客直播邀请知名演艺人员和"网红"入驻平台，借助自身优势，开启众多线上活动，如音乐类的《歌手的诞生》《一唱到底》，舞蹈类的《女神日刊》等，为平台做好垂直领域的内容打造。

（4）映客直播内容形式

从内容形式来看，映客直播的主播多采用唱歌、聊天等方式进行互动，直播内容依赖于主播所处的环境场景。

（5）映客直播盈利模式

映客直播盈利模式有两种：礼物比例提成和广告收入，具体如图 7-17 所示。

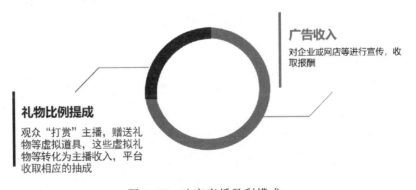

广告收入
对企业或网店等进行宣传，收取报酬

礼物比例提成
观众"打赏"主播，赠送礼物等虚拟道具，这些虚拟礼物等转化为主播收入，平台收取相应的抽成

图 7-17　映客直播盈利模式

2. 花椒直播

花椒直播是国内的一个移动社交直播平台，它使用免费、开源的视频录制和视频实时流软件直播形式，第一时间带观众亲临各大发布会、综艺演出现场等，与映客直播一样，聚焦"90后""95后"群体的生活。

区别于其他直播平台，花椒直播的特点主要体现在以下几方面。

（1）自制节目

花椒直播平台推出《玛雅说》《马斌读报》等上百档自制节目，涵盖了主持、相声、体育、心理咨询、选秀等多个领域。《玛雅说》系列节目如图7-18所示。

图7-18 《玛雅说》系列节目

（2）明星加盟

花椒直播吸引了众多知名演艺人员入驻，并对多种娱乐活动进行直播。

（3）短视频

花椒直播平台从6.0版本开始，新添加了MV短视频和多对多视频社交功能。

除了以上3个特点外，花椒直播平台还与企业建立了良好的互动，如与百合网、途牛影视等达成合作，有效推进平台的发展。

3. 斗鱼直播

斗鱼直播是一个弹幕式直播分享平台，为观众提供视频直播和赛事直播服务，还涵盖了综艺、娱乐、户外等多种直播内容。

（1）斗鱼直播平台内容分类

斗鱼直播平台的内容可以分为四种类型：赛事直播、娱乐直播、教育直播和其他直播。下面主要对娱乐直播、教育直播和其他直播进行介绍。

① 娱乐直播

斗鱼直播平台有一些娱乐性质的直播。图7-19所示为户外主播发布的《骑行新疆罗布泊之旅》视频，该用户直播独自骑行至新疆罗布泊的旅途生活，为观众提供快乐与正能量。

② 教育直播

教育直播也是斗鱼的主要类型之一。在斗鱼首页有科技教育类目，大家在这里可以看到很多学习技能、生活技能方面的直播，种类繁多，如数码科技、纪录片、科普等，如图7-20所示。

图 7-19 《骑行新疆罗布泊之旅》直播视频截图

图 7-20 斗鱼科普类节目

③ 其他直播

除赛事直播、娱乐直播、教育直播，还有正能量、"二次元"等内容的直播，斗鱼正能量类节目如图 7-21 所示。观众可以根据自己的需求和爱好进入不同的分类，选择感兴趣的直播进行观看即可。

图 7-21 斗鱼正能量类节目

（2）斗鱼直播平台的优势

斗鱼直播平台的优势主要体现在以下几个方面。

① 全面成熟的"变现"体系。斗鱼直播有成熟的酬劳与礼物兑换规定。

② 自制节目，独创性强。拥有巨大流量的斗鱼直播联合各行业展开"直播+"的蓝图，开启泛娱乐时代，互相借助对方的流量来达到营销的效果。

③ 整合游戏、户外、秀场三大流行趋势。除游戏、秀场外，户外作为斗鱼的特色栏目，也拥有一定数量的用户群体。

任务四　直播营销策划与实施

直播营销策划与实施，需要从两个方面展开操作：直播营销策划、直播营销实施。

▶▶▶ 一、直播营销策划

根据以下步骤完成直播内容的策划。

步骤 1：确定直播目标。直播目标的确定，可以从口碑影响、现场观看人数、直播转化 3 个方向着手，可通过表 7-2 进行目标确定。

表 7-2　直播目标确定

目标划分	直播目标
口碑影响	（品牌指数提升）
现场观看人数	（直播观看人数）
直播转化	（直播所获打赏）

步骤 2：梳理直播。通过建立文档的形式，对直播进行梳理，包括直播人员、直播平台、直播亮点、直播时长、直播主题等，如表 7-3 所示。

表 7-3　直播策划

直播人员	小刘
直播平台	映客直播
直播亮点	网店红包+平台红包+互动活动+任务预设与布置
直播时长	1 小时
直播主题	如何做芒果班戟

步骤 3：确定直播分工。为了达到更好的直播效果，需要对参与直播的人员进行合理分工。这里主要从道具准备人员、内容准备人员、营销宣传人员 3 个方面进行人员分工安排（见图 7-22），各组人员的主要工作内容如下。

① 道具准备人员：主要职责是准备直播时需要使用的道具，以及布置灯光，并及时

将道具递送给直播人员。

② 内容准备人员：主要职责是协商直播中的内容，如直播分为哪些模块，每个模块的核心话题、直播话术有哪些。

③ 营销宣传人员：主要职责是在微博、微信、论坛等平台上进行直播信息的推介（包括直播前和直播后）。

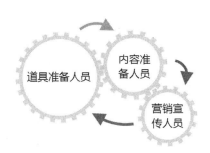

图 7-22　人员分工安排

步骤 4：确定直播整体时间节点。直播整体时间节点包括开始时间和结束时间。建议将直播时间设定为 20:00—23:00，因为这一时间段是直播观看人数的高峰时期，能够保障直播观看数量。

步骤 5：确定项目组整体时间节点。项目组整体时间节点为直播开始前的准备时间。建议将直播准备时间设定为直播开始前 3 天，以备所有人员将所负责模块准备到位。

步骤 6：落实直播规划表。为了更好地保证直播效果，需要做一个可视化的表格将想法系统化，以便相关人员对直播进行监督和跟进。在制作直播规划表时，可以参考表 7-4 所示的模式（时间段需要根据实际情况自行安排）。

表 7-4　直播规划表

时间	×月1日	×月2日	×月3日	×月4日	×月5日	×月6日	……
	星期五	星期六	星期日	星期一	星期二	星期三	……
阶段	前期策划			直播		后期宣传	
直播道具							
直播场所							
直播宣传							

步骤 7：制作直播项目跟进表。直播项目跟进表是对直播整体进度进行的大致安排，明确时间安排、人员分配，以免直播准备做得不够充分，如表 7-5 所示。

表 7-5　直播项目跟进表

项目	发布平台	内容	形式	完成时间	前期策划			直播	后期宣传		
					×月1日	×月2日	×月3日	×月4日	×月5日	×月6日	……

步骤 8：明确直播宣传路径。明确直播宣传路径可以从三个方面入手：宣传渠道、内容形式和内容发布频率，如图 7-23 所示。

▷　**宣传渠道**　选择目标用户经常登录的平台进行宣传，如微信、微博、论坛等

▷　**内容形式**　选择目标用户喜欢的内容呈现形式进行宣传，如视频、图文等

▷　**内容发布频率**　在直播开始前6天、4天、1天分别展开宣传

图 7-23　直播宣传路径

二、直播营销实施

下面以映客直播为例，展开直播营销的实施过程。

步骤 1：在应用市场选择并下载映客直播 App，如图 7-24 所示。

步骤 2：点击进入映客直播 App，选择登录方式并完成登录，如图 7-25 所示。

图 7-24　下载映客直播 App

图 7-25　映客直播登录方式

步骤 3：在映客直播首页，点击"直播"按钮开始直播。

步骤 4：选择直播开场形式。可以从如图 7-26 所示的 4 种直播开场形式中选择一种。

图 7-26　直播开场形式

步骤 5：进行直播开场。选择好直播开场形式后，进行直播开场。

步骤 6：进行直播互动。可以选择的直播互动有"弹幕互动""参与剧情""红包发放""发起任务""礼物赠送"等，如图 7-27 所示。在操作时，选择其中的一种或几种进行互动，增加观众热情。

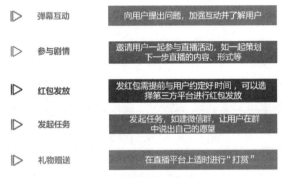

图 7-27　直播互动技巧

步骤 7：进行直播收尾。

在直播进行到收尾工作时，核心要解决的是直播的引流问题，即将观众引流到目标平台的问题。在直播收尾时，需强调目标平台，如某淘宝网店展示主营产品，将观众引流到自己的网店中。

至此，直播实施就结束了。需要注意的是，直播不是一次就能完成营销目标的，需要多次持续进行，吸引观众关注、增加观众好感度，并在此基础上将观众引导到目标店铺、公众号等平台，以便促成营销目标的实现。

同步实训

一、实训概述

本实训为短视频营销与直播营销实训，内容包括短视频营销策划实施和直播营销策划实施，学生通过此次实训能够掌握短视频营销和直播营销的策划与实施步骤，培养独立运用短视频平台和直播平台进行营销的能力。

二、实训素材

1. 安装有基本办公软件与制图软件的计算机设备；
2. 智能手机实训设备。

三、实训内容

学生分组，并选出各组组长，以小组为单位进行实训操作。

1. 短视频营销策划与实施

（1）短视频营销策划

每组设定一个实训情境，根据实训情境开展短视频营销策划。短视频营销主要从营销目的、营销内容、推广平台三个方面进行策划，因此，每一组学生需要确定短视频营销目的、短视频营销内容及短视频推广渠道，并将策划的分析过程及结果记录在表7-6中。

表7-6　短视频营销策划

任务名称	分析过程	策划结果
短视频营销目的		
短视频营销内容		
短视频推广渠道		

（2）短视频营销实施

学生根据策划的短视频内容进行视频录制，并完成视频的剪辑，将视频录制及剪辑的主要步骤和注意事项记录在表7-7中，最后由全体学生及教师共同评价。

表7-7　短视频录制与剪辑

任务名称	主要步骤	注意事项
视频录制		
视频剪辑		

2. 直播营销策划与实施

（1）直播营销策划

假设某商家主营赣南脐橙，该商家打算选择一个合适的直播平台进行直播营销。学生以小组为单位，确定此次直播营销的内容，并将策划的分析过程及策划结果记录在表7-8中。

表7-8　直播营销策划

任务名称	分析过程	策划结果
直播目标		
直播人员		

任务名称	分析过程	策划结果
直播平台		
直播亮点		
直播时长		
直播主题		
宣传途径		

（2）直播营销实施

学生根据选定的直播平台进行账号注册，注册完成后选择合适的直播方式进行直播并互动，将此次直播的主要步骤及注意事项记录在表7-9中，最后由全体学生及教师共同评价。

表7-9　直播营销实施

任务名称	主要步骤	注意事项
账号注册		
直播开场形式		
直播互动形式		
直播收尾形式		

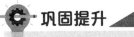

巩固提升

一、单选题

1. 以下关于短视频营销策划说法错误的是（　　）。

　　A. 要注重用户体验感　　　　B. 要保证视频的时长超过30秒

　　C. 要注重互动性和参与性　　D. 尽量保证短视频内容的创意度

2. 新浪微博在短视频传播渠道中属于（　　）的一种。

　　A. 媒体渠道　　B. 粉丝渠道　　C. 推荐渠道　　D. 专属渠道

3. 下列不属于短视频优势的是（　　）。

　　A. 壁垒更低　　B. 品牌更强　　C. 互动更强　　D. 渠道更广

4. 花椒直播属于（　　）。

　　A. 游戏类直播平台　　　　　B. 社交类直播平台

　　C. 购物类直播平台　　　　　D. 娱乐类直播平台

5. 将直播时间设定为（　　），能取得更好的效果。

　　A. 11:00—12:00　B. 12:00—13:00　C. 18:00—19:00　D. 20:00—23:00

二、多选题

1. 短视频营销的目的包括（　　）。

A. 为用户解答疑问　　　　　　B. 与用户形成良好的互动

    C. 充分展示品牌文化和产品特点　D. 与用户建立关系

2. 属于娱乐类直播平台的是（　　）。

    A. 映客直播　　B. YY直播　　C. 斗鱼直播　　D. 六间房直播

3. 直播内容策划与实施包含（　　）几个方面。

    A. 直播内容策划 B. 直播内容宣传　C. 直播引流　　D. 直播活动实施

三、简答题

1. 简述短视频营销策划的步骤。

2. 简述直播营销的分类。

四、讨论题

假设某商家是以卖女士服装为主，那么该商家选择哪些直播平台更为合适呢？

五、操作题

选定一个商品作为主体，利用抖音或美拍为其拍摄一段宣传短视频，后期加以剪辑。

项目八
移动淘宝营销

据中国互联网络信息中心（CNNIC）统计，截至 2019 年 6 月，我国网民规模达 8.54 亿人，上半年共计新增网民 2598 万人，互联网普及率为 61.2%。其中手机网民规模达 8.47 亿人，较 2018 年年底增加了 2984 万人。网民中使用手机上网人群的占比由 2018 年的 98.6%提升至 99.1%，网民手机上网的比例在高基数基础上进一步攀升。很多网民习惯了利用移动设备进行购物，淘宝也顺势而为，利用手机淘宝客户端开启了新的移动电商风向。

学习目标

知识目标

1. 了解微淘的内容形式；
2. 熟知淘宝头条的准入规则；
3. 熟悉淘宝短视频营销的内容形式；
4. 熟悉淘宝直播的开通规则。

能力目标

1. 掌握微淘内容编辑的方法；
2. 掌握淘宝头条的申请流程与寻找淘宝"达人"合作的方式；
3. 掌握短视频营销内容制作流程与方法；
4. 掌握淘宝直播营销的流程。

项目情景

"博导商城"是一家由在校学生经营销售拖鞋的淘宝 C 店（C 店是指普通店铺、集市店铺）。学生看到移动端流量日趋上升，为了能够维系并拓展移动端的流量，开始着手学习并开展移动端的营销行为。"博导商城"从微淘应用、淘宝头条应用、淘宝短视频及淘宝直播四个方向着手展开淘宝移动端的营销实施。

任务一　微淘应用

　　进入移动互联网时代，各大电商网站均在争先恐后地进行着各种形式的内容营销。微淘，便是淘宝针对内容营销开通的一个营销渠道，如图 8-1 所示。在移动互联网时代，用户逐渐从 PC 端过渡到移动端，手机淘宝也从之前的自然流量转变为通过内容营销吸引粉丝的方式。微淘作为私人领域较大的流量入口，获得了越来越多商家的重视。微淘的运营，已成为商家获得流量和粉丝的重要手段之一，也是近年来电商通过流量带动销量的关键所在。

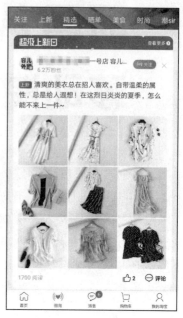

图 8-1　微淘首页

　　微淘类似于淘宝内的微信朋友圈，其主要作用是店铺的访客和已收藏加购、关注的用户可以看到商家和"达人"所发出的微淘信息。微淘的上线改变了以往的流量分配方式，从"小二推荐""权重分配"转向以用户为中心。微淘是淘宝商家、"达人"与用户交流的一个平台，用户可以通过微淘与商家、"达人"进行互动，商家、"达人"也可以通过微淘广播发布一些店铺优惠信息等，用户可以第一时间了解商家、"达人"推荐的动态信息。

▶▶▶ 一、微淘账号类型选择

　　微淘目前有 3 种账号类型：微淘号·达人、微淘号·商家、品牌号，如图 8-2 所示。

图 8-2　微淘账号类型

　　其中，微淘号·达人以生产原创内容的个人、自媒体、知名媒体、导购网站、热门应用等为主体，微淘平台提供角色认证、能力评估、内容生产引导、招投稿流通、私域自运营、数据分析等全面的创作服务，以及与品牌、商家的内容交易服务。

微淘号·商家以商家为主体，微淘平台提供私域内容推送、公域内容投稿、店铺内容互动及粉丝运营服务，以及商家全链路内容推广服务。

品牌号以知名品牌商为主体，微淘平台提供内容生产、内容管理、内容投放等服务，以及品牌全链路内容交易服务。

"博导商城"由于经营的商品都是采购其他品牌的商品，因此选择了微淘号·商家类型。

二、微淘应用的入口

了解微淘的类型及重要性后，我们还需要知道从哪里去发布微淘。

第一种：直接在 PC 端浏览器的地址栏中输入"阿里·创作平台"官方网址，单击"登录"按钮，输入账号密码即可登录微淘，如图 8-3 所示。这种方式同时适用微淘的三种账号。

图 8-3　阿里·创作平台登录页面

第二种：淘宝商家还可以通过店铺后台直接进入微淘，登录千牛卖家工作台，将鼠标指针移到界面上方的"用户运营"模块，单击"微淘内容管理"按钮进入微淘页面，如图 8-4 所示；或者在千牛卖家工作台界面左侧的"自运营中心"栏中单击"发微淘"按钮进入微淘页面，如图 8-5 所示。

图 8-4　微淘入口 1

图 8-5　微淘入口 2

▶▶▶ 三、微淘内容发布

1. 微淘的内容形式

目前，微淘可以发布多种内容形式，包括店铺上新、好货"种草"、洋淘秀、主题清单和粉丝福利，除此之外还可以发布图文教程、短视频、店铺动态，以及其他微淘内容。

（1）店铺上新：商家可以分享店铺最新商品，介绍新品卖点、风格、潮流趋势。

（2）好货"种草"：商家通过实拍的商品和场景图片，真实描述商品的特色以及用户使用感受，帮助用户"种草"（"种草"是网络流行语，表示"分享推荐某一商品的优秀品质，以激发他人购买欲望"的行为）。

（3）洋淘秀：商家精选优质的用户有图评价，并进行发布，完成商品转化，拉近其与用户的关系。

（4）主题清单：商家可以发布同类主题的商品集合，重点突出同一类型的商品特色，帮助提高关联商品的推荐效率。

（5）粉丝福利：发布粉丝专属折扣福利价，可以助力提升粉丝转化及成交量。

（6）图文教程：适合发布深度评测类长文内容，创作自由度高，可以灵活应用平台提供的多种元素组件进行内容编辑创作。

（7）短视频：通过分享趣味好玩的短视频获得用户关注。

（8）店铺动态：通过分享店铺日常事件、活动信息，跟用户进行交流。

（9）其他微淘内容：转发和传播其他优质创作者的原创内容，包括其他商家、"达人"及阿里V任务中的内容。

2. 微淘内容的发布

下面以"店铺上新"为例介绍微淘内容发布的流程。

（1）选择微淘发布类型

在"阿里·创作平台"后台界面左侧依次单击"创作""发微淘"按钮，进入微淘全部类型页面，如图 8-6 所示。

图 8-6　微淘全部类型页面

选择"店铺上新"后，单击"立即创作"按钮，进入店铺上新微淘内容创作页面，如图 8-7 所示。店铺上新包含三种内容形式：上新、预上新、单品上新。

图 8-7　店铺上新微淘内容创作页面

（2）添加商品

进入店铺上新微淘内容创作页面后，在"上新商品添加"位置单击"添加宝贝"按钮（这里，宝贝指代商品），可以进入商品库页面选择需要添加的商品，也可以单击"添加宝贝"弹出框中的"添加宝贝"按钮，通过输入宝贝链接来添加商品，如图 8-8 和图 8-9 所示。

图 8-8　商品库页面

图 8-9　输入宝贝链接

如果选择"上新"或"预上新"，可以添加 3～9 个近 30 天内首次上架的商品发给用户；而选择"单品上新"，则只能添加 1 个近 30 天内首次上架的商品发给用户，同时可以添加 3～9 张具有真实感的上新商品图片，如图 8-10 所示。

（3）添加标题

选择好商品及配图后，部分微淘形式需要填写标题，如"单品上新""好货种草"等，标题字数一般为 4～19 字，如图 8-11 所示。

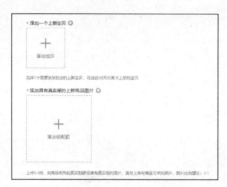

图 8-10　单品上新页面

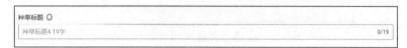

图 8-11　微淘标题

一个好的标题会激起用户的打开欲望，所以标题要么简洁、强势，要么个性、突出特色，一定要确保意思表达清楚。微淘标题可以包含的元素：事件、人群、冲突点、场景、商品信息、热点、地域、年龄、性别、赠送、功能、时间季节、风格、品牌、材质、新品等。

在创作标题时，为了吸引用户，可以利用以下几点来创作标题。

① 观念的冲突点。

② 能引发用户的好奇，引导用户思考的问句。

③ 引发共鸣点。

④ 能与近期热销品类、热点事件、热门话题等相联系，激发用户浏览兴趣。

需要注意的是，一定要确保所创作的标题和正文内容主题及推广商品有一定的相关度。

（4）编辑微淘内容

要编辑微淘内容，首先要从自身的使用心得或体验出发，以给朋友分享好物的口吻描述商品的特点以及使用商品的场景，打消用户的购买顾虑，引导用户购买。

（5）添加互动

如果要增加用户的互动和参与的积极性，在微淘中可以添加投票、征集等互动内容。

（6）添加推送群

如果有用户群，还可选择将内容推送至群。内容分享到群可以有效扩大内容的影响力并获得更多的阅读量。

完成以上操作，单击"发布"按钮，就可以直接将内容推送给用户，完成微淘内容的发布。

虽然微淘的发布形式多种多样，但发布的操作步骤与思路大同小异，需要运营者不断实践操作。

▶▶▶ 四、微淘运营

微淘对于商家来说是重要的用户运营工具，"博导商城"在微淘运营中首先进行了自我定位，明确了微淘运营方向及内容呈现风格，然后在每次微淘内容发布前进行内容策划，最后在微淘内容发布后对每条内容进行数据分析等。

1．自我定位

（1）店铺分析

店铺分析，需要根据商家等级、品牌发展情况来定。不一样的等级，商家所掌握的资源、团队规模、营销投入资金是不一样的。市场营销需要资金的支持，也需要好的策划创意。头部商家在做微淘的时候，建议保持一定的品牌调性，因为要考虑品牌属性和用户的品牌诉求；中部商家则可以采取灵活的策略，在内容选取和创意方面可以根据选题进行发挥；而尾部商家的主要任务是先积累用户，攒足人气，然后再根据自身情况投入内容营销。"博导商城"淘宝店铺主打针对年轻人的时尚拖鞋。

（2）受众分析

在微淘这里，重点可以关注的人群基本要素包括性别、年龄、地域、职业、兴趣爱好、在线时间和阅读场景等几个重要维度。商家只有清晰地了解这些信息后，才能合理地制订计划，明确微淘受众的喜好，写出受欢迎的微淘内容。

（3）内容定位

微淘的内容主要围绕文字、图片、声音、动画和视频等介质进行主题化营销。同时围绕微淘现在的栏目，结合自身的店铺资源，做出相应的内容选择和定位。"博导商城"内容方面主要以图文、短视频为主要方式，发布上新、"好货种草"、主题清单、洋淘秀、图文教程、短视频等内容。"博导商城"所发布的微淘内容，基本都是与用户有密切关系的，这样一方面能引起用户的关注，另一方面能触发用户的兴趣参与互动讨论。其发布的活动大都规则简单，门槛低，并且符合当时的气氛，互动效果很好。

2．内容策划

根据电商内容的属性，可将内容划分为商品型内容、互动型内容、导购型内容及资讯型内容，不同内容有不同的功能。

商品型内容：不仅仅是一些文章、图文，商品本身就有非常重要的申商内容元素，如这个商品的使用价值、实用功能，以及它的外包装设计是否具有美感。平台对这些元素进行一定的处理或包装，赋予这些元素特殊的含义和价值，这样的内容被称为商品型内容。

互动型内容：微淘上的话题类内容，能够引起用户进行广泛的讨论。除此之外，还有"盖楼"的互动，能够引起用户的互动，还可以给用户一些福利反馈。

导购型内容：帮助用户在消费的过程中解决消费痛点的内容，除了刺激新消费需求以外，在整个内容的元素里，一个商品的推荐理由是非常重要的。

目前，对于平台导购型内容分类有两种：话题型的导购内容和热点型的导购内容。

话题型的导购内容，又可以理解为场景型的导购内容，是基于用户的兴趣点，能够引起用户共鸣的内容；热点型的导购内容，时效性非常强，如基于一个节日或 "网红爆款"商品相关的话题去组织的内容。

资讯型内容：资讯型内容是否适合在店铺微淘出现，商家需要仔细斟酌。

以上 4 种内容是运营微淘时常用到的内容类型。运营微淘时，应根据自身店铺的定位进行分析，并针对目标用户群体，提前规划好微淘的内容，如 "博导商城"的微淘内容规划大致分为以下 6 种。

① 周二洋淘秀，将大额优惠券作为奖品，吸引用户在此类微淘广播中晒出照片。一方面商家与用户形成良好的互动，增加用户黏性，另一方面也对店铺推广产生推动作用。

② 上新和 "种草"，利用九宫格图片发布即将上架或最近上架的新品，搭配文案，让用户对新品产生兴趣，推动新品销售。

③ 主题清单，为用户推荐近期销量较高的几种款式，推动销售。

④ 潮流资讯，发布一些创作资讯或者潮流信息。

⑤ 博导晚安，用诙谐幽默的文字、配图与用户交流，保持用户黏性。

⑥ 福利活动，开展店铺促销活动或简单的征集活动、投票活动，给用户一定优惠，加强互动，增强用户黏性。

3. 数据分析

围绕现在的微淘几大栏目，可以撰写出很多内容，最主要的是需要找到适合自己的内容并长期坚持下去。内容合适与否，需要结合店铺数据进行定期分析，查看基本数据情况和内容评论、点赞和互动等情况。关于微淘的数据，除了收集整理相关基本信息外，还需要对这些信息进行加工。在运营微淘时，可以经常提取其中的数据，制作 Excel 柱形图、折线图和饼状图等，通过整理对比，了解存在的问题并提供相应的解决方式，以此来不断推进微淘工作的优化，对此前制定的微淘战略方针进行局部的策略调整。

任务二　淘宝头条应用

淘宝头条是阿里巴巴集团旗下的生活消费资讯媒体聚拢平台。内容化、社区化、本地生活服务是淘宝未来的三大方向，而淘宝头条上线不到一年，每个月已经有超过 8000 万用户通过淘宝头条获取最新的消费类资讯内容。淘宝头条对于淘系商家来说，无疑是一个巨大的流量来源。

一、淘宝头条的展现位置

（1）进入 PC 端淘宝网首页，单击 "主题市场"分类栏下的 "淘宝头条"按钮即可进入，如图 8-12 和图 8-13 所示。

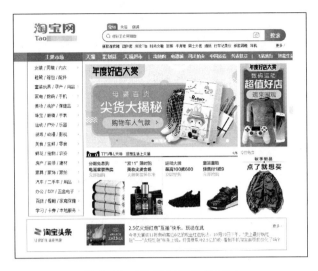

图 8-12　PC 端淘宝头条展示

图 8-13　淘宝头条首页

（2）打开移动端淘宝 App，点击首页分类栏下的"淘宝头条"按钮即可进入，如图 8-14 所示。

图 8-14　移动端淘宝头条展示

▶▶▶ 二、淘宝头条申请

淘宝头条的文章大部分是由淘宝"达人"推送的，因此想要入驻淘宝头条，首先要成为淘宝"达人"，以下是淘宝头条的申请步骤。

步骤 1：在 PC 端，登录阿里·创作平台官方网站首页，单击"开通"按钮，如图 8-15 所示。

图 8-15　阿里·创作平台首页

步骤 2：登录淘宝账号，选择微淘号，单击"选择并继续"按钮，如图 8-16 所示。

图 8-16　选择账号类型

步骤 3：选择完账号类型后，需要进行账号检测，账号需要绑定支付宝，并通过支付宝进行实名认证，如图 8-17 所示。

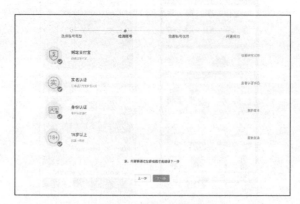

图 8-17　账号检测

① 实名认证若为个人身份，需要年满 18 周岁，个人身份下仅可开通 1 个创作号。

② 企业身份可开通多个创作号。

③ 账号所有者的身份主体需要与绑定的支付宝保持一致，否则将无法通过角色认证

等环节。

④ 账号开通后，旺旺账号若解绑支付宝，将限制使用平台功能，直至重新绑定支付宝。

⑤ 若旺旺账号重新绑定新的支付宝,则需要登录阿里妈妈淘宝联盟后台以更新支付宝信息，否则将影响结算。

步骤 4：完善账号信息，并选中"我同意《淘宝达人合作协议》，并申请开通达人账号"复选框，单击"提交"按钮后立即开通成功，如图 8-18 和图 8-19 所示。

图 8-18 完善账号信息

图 8-19 填写联系人信息

这里需要注意的是，如开通账号者为个人，个人须完成支付宝个人实名认证，同一身份信息下只允许一个淘宝账号入驻；如开通账号者为企业，企业须完成支付宝企业实名认证，同一营业执照下最多只允许 10 个淘宝账号入驻。

▶▶▶ 三、淘宝头条运营

淘宝头条可以有效促进店铺流量转化，提升用户数量，进而增加销售额。以下将以"Ulife 生活"淘宝头条号为例，介绍淘宝头条运营成功的六大要素。

1. 账号定位细分

"Ulife 生活"在淘宝头条家居生活类中是个很有影响力的"达人"账号，其内容定位为品质家居用品推荐。根据"Ulife 生活"运营经验，做自媒体内容尤其是淘宝上的内容，切入一个品类，聚集一个领域，才能给目标用户提供更深的需求服务。"Ulife 生活"基于高品质家居用品、品质家居生活方式进行内容创作。

2. 平台规则把握

"Ulife 生活"之所以能成功运营并实现盈利，是因为其能够很好地把握平台规则。淘宝的版权意识非常强，淘宝店铺一旦触及版权问题将很有可能被淘宝处理并封号。因此，无论在哪个平台，遵守平台规则都相当重要。

3. 用户画像精准分析

用户画像主要是指对用户的购买人群、省份、购买层级、年龄、职业等数据进行统计和分析。这样生产的内容贴近用户，"涨粉"效果非常明显。

4. 文章数据分析

为了账号"涨粉"，"Ulife 生活"逐个研究了不同渠道的文章和视频，包括各类文章标题，并建立了一个优质文章的标题库，每天在各个平台渠道上搜集好的标题，并标注这个标题带来的阅读量。

5. 多渠道运营账号

在淘宝平台上，除了淘宝头条这个内容渠道，还有其他渠道，如有好货、必买清单、阿里体育、酷动城等。多渠道运营内容，可以让自己的品牌获得更多的曝光。当然多渠道运营并非越多越好，如果自身实力较弱，或者资金不足，多渠道运营会带来运营成本增加的压力。

6. 变现渠道多样化

优质的内容是很容易变现的，淘宝可以直接匹配垂直商家给"达人"，"达人"们不用自己花精力去找用户。目前，淘宝头条内容的变现主要是按销售数量计费（Cost Per Sales，CPS）的形式，即按照用户点击文章底部商品链接达成交易的额度来计算"达人"的收益。变现就意味着收益，努力增加账号的变现渠道，就能增加团队的收益。

▶▶▶ 四、寻找"达人"合作

淘宝头条对于商家来说无疑是一个巨大的流量池，那么如何来获取这个流量池中的流量呢？"博导商城"通常通过以下 4 种方式寻找淘宝"达人"，以谋求合作。

（1）用手机在淘宝头条、有好货、必买清单里找一些推荐相关商品的账号，与之取得联系。

（2）通过阿里 V 任务平台寻找"达人"推广或直接发布任务，如图 8-20 所示。

图 8-20 阿里 V 任务平台首页

（3）通过搜索类似"淘宝达人"QQ群来寻找"达人"合作，如图8-21所示。

图8-21　搜索"淘宝达人"QQ群

（4）通过淘宝联盟商家中心发布商品推广计划，招揽"达人"进行推广，如图8-22所示。

图8-22　淘宝联盟首页

除了以上几种方式，"博导商城"还尝试通过豆瓣、知乎、百度贴吧等常用平台寻找合适的"达人"进行合作。

任务三　淘宝短视频营销

随着快手、抖音、微视等一系列短视频App火了以后，短视频类的电商营销也开始占据半壁江山了。自2018年以来，淘宝短视频已经广泛且深入地被商家接受，为自己的商品拍摄一条主图视频来替换原来的平面图片，已成为大部分店铺的商品标配。

那么在短视频持续火爆的今天，商家该如何继续提高短视频的渗透率，打造店铺爆款呢？

▶▶▶ 一、了解淘宝短视频

淘宝短视频渠道承载了淘宝平台上所有短视频内容的投稿和分发，视频内容要求时长在6分钟以内。分发渠道包括单品（详情介绍）——有好货；店铺（品牌故事、文化）——每日好店；场景（功能性技巧类）——必买清单、爱逛街；人群、行业（围绕人群、垂直领域）——淘部落、猜你喜欢。淘宝短视频的内容包括以下 3 个方面。

（1）商家：商品头图视频，输出给有好货和猜你喜欢模块。

（2）视频机构+视频达人+有能力的商家：输出给前台的导购产品、爱逛街、必买清单、每日好店、淘部落和猜你喜欢模块。

（3）用户视频：在淘宝用户评价端上传的内容。

▶▶▶ 二、明确淘宝短视频的类型

1. 商品型短视频

商品型短视频要求用简明扼要的步骤告诉用户商品的卖点，建议短视频时长为 9～30 秒，以单品展示为主，标清以上清晰度，横竖版皆可（服饰类竖版更好，美妆、美食类横版更好），放在头图位置，商家可直接发布。

发布后有机会被抽取展现到猜你喜欢、有好货等模块，获得免费流量，并且这部分曝光是加权的；同步到微淘，也会得到加权展示。

2. 内容型短视频

有情节、有故事或者以"达人"教学为主的短视频统称为内容型短视频。此类短视频以"达人"机构发布为主，建议时长在 3 分钟以内，标清以上清晰度，横竖版皆可。可使用的推荐渠道及类型有以下几种。

（1）每日好店——店铺故事、镇店之宝、品牌新品故事、创意广告。

（2）必买清单（必须要有 3 个以上的单品，无须跨店）——场景型内容，如做菜教学步骤、旅行必备。

（3）爱逛街、淘宝头条、淘部落、微淘——"网红"内容，如穿衣心得、化妆步骤、生活窍门。

（4）微淘、淘宝头条等——直播切片（直播短视频）。

3. 用户原创内容（User Generated Content，UGC）型短视频

买家秀和用户评论中可以加入一个 9 秒短视频评论，评论里会出现很多可被传播的好内容，这些评论会出现在猜你喜欢、微淘等地方，通过图文买家秀这种流媒体的升级，以提升整个短视频内容的娱乐性和传播性。

▶▶▶ 三、淘宝短视频栏目及拍摄、运营要求

1. 商家短视频栏目的整体介绍

淘宝在 2019 年推出商家短视频栏目，助力商家的短视频营销。商家可根据官方栏目的内容方向，系列化、持续性更新视频内容。

官方共 4 个栏目——上新抢鲜、淘百科、镇店必买、店铺记。它们的栏目内容定位、消费者心智、适合的商家类型和分类标签介绍如图 8-23 所示。

栏目名称	上新抢鲜	淘百科	镇店必买	店铺记
栏目内容定位	通过一个视频推荐本次上新主打的多款商品，结合视频专享优惠、新品视频早鸟价等	围绕商品的知识、百科内容	店铺尖货、爆款、营销活动款盘点推荐 与营销活动、店铺优惠强结合	个性店长、店铺故事、品牌故事、Vlog等人格化品牌化内容
消费者心智	最新潮货+新款限时优惠	发现好玩的神器产品 get生活小技能	店铺最值得买最优惠的都在这里	深入了解店铺/品牌，发现"我"喜爱的生活方式
适合的商家类型	1. 上新频次高，SKU多 2. 品牌新品发布	1. 商品与生活日常关联性强，可基于一类知识产出系列化内容 2. 对于视频有刚需的品类（例如家具安装）	1. 上新频次不高，经常有打折促销或参与平台营销活动的商家	1. 红人店铺 2. 特色卖家 3. 品牌商家 4. 强粉丝运营的商家
分类标签（发布时请选择正确标签）	时尚街拍、设计理念、商品展示、明星推荐、前沿资讯	搭配攻略、深度测评、开箱体验、消费百科、真人改造、技能教程	店长推荐、主题盘点、线下探店	Vlog、产地溯源、才艺秀、情景剧场、生产工艺、店铺故事

图 8-23　淘宝商家短视频栏目

商家可以根据自身的产品特性及栏目的内容定位，选择适合自己的类目和店铺定位的栏目。一般而言，每个商家最多开通两档栏目。

2. 栏目内容的要求

栏目视频发布有一些基本规范：视频基础要求、片头片尾素材贴片要求。

（1）视频基础要求

① 视频尺寸有三种类型：9:16、16:9、3:4。

② 视频时长要求：10～600秒。

③ 绑定商品数：1～9个，要求必须绑定本店铺自有商品。

（2）片头片尾素材贴片要求

商家要根据所发布的栏目在视频的片头片尾加入对应的贴片，如图8-24所示。

3. 运营要求

短视频要求商家要有明确的栏目定位，根据店铺的用户人群确定内容方向；

图 8-24　视频贴片要求

要注意视频内容的系列化，如包装系列主题、统一封面设计，取有系列感的标题等。

四、短视频内容策划及投放推广平台

1. 短视频内容策划

淘宝短视频营销内容的策划主要从以下3方面进行思考：注重用户体验感，注重互动性和参与性，尽量保证创意度。

2. 短视频投放推广渠道

目前淘宝短视频渠道分为三大类：推荐渠道、媒体渠道和粉丝渠道。

推荐渠道如今日头条，主要由系统的推荐来获得播放量，人为因素很少；媒体渠道和优酷视频、搜狐视频这类视频渠道，短视频的播放量主要来源于用户的搜索和朋友的推荐，人为因素对于短视频的播放量有很大的影响，如果获得了一个很好的推荐位，短视频播放量一般会比较大；粉丝渠道如秒拍、美拍这类视频渠道，短视频的播放量等数据基本建立在平台用户的基础之上。

在挑选短视频发布平台时，切忌盲目跟风，而应该结合自身的品牌调性、用户属性和营销目标选择合适的渠道。

任务四　淘宝直播营销

淘宝直播是阿里巴巴推出的直播平台，定位为"消费类直播"，实现了用户"边看边买"的购物形态，主要涵盖的范畴包括母婴、美妆、潮搭、美食、运动健身等领域。

▶▶▶ 一、发起淘宝直播

移动端直播是主播用得较多的一种直播途径。

步骤 1：在手机上下载并安装淘宝直播 App。

步骤 2：打开淘宝直播 App，登录主播账号，点击"创建直播"按钮，如图 8-25 所示。

步骤 3：和 PC 端一样，填写直播的相关信息，然后点击"创建直播"按钮，如图8-26 所示。

图 8-25　创建直播

图 8-26　填写直播的相关信息

步骤 4：创建直播后，倒计时会马上启动。需要在预定时间点击"开始直播"按钮，如果没有在预定时间之前开播，系统提醒将关闭直播，如图 8-27 所示。一旦失效，需要重新创建直播。

图 8-27　直播提醒

▶▶▶ 二、淘宝直播的内容、形式选择

在 2019 年 "6·18" 购物节这一天，除了各大电商平台常规的 "降价促销战" 之外，"直播带货" 成了这场战役的一大新的击破点。天猫数据显示，该平台上百个品牌成交额超过 2018 年 "双 11"，最高增长超过 40 倍，超过 110 个品牌成交额过亿元。其中，特别需要指出的是，"淘宝直播" 这一方式便引导成交 130 亿元，成为商家标配，完成了此前制定的小目标。

对数个淘宝直播的深度分析发现，做淘宝直播的技巧有以下几个方面。

1．抓住店铺的优势

充分了解自己店铺的特性，抓住商品特点和店铺的优势组织直播内容。例如，"珍珠哥" 是绍兴一位珍珠商品卖家。开通淘宝直播后，他上线了一款商品——58 元的珍珠蚌，用户下单后获得一个号码，"珍珠哥" 依据号码对 "开蚌取珠" 过程进行直播，如图 8-28 所示。

图 8-28　直播开蚌

2．生活方式推荐

淘宝直播就是要走优质内容路线。淘宝主播可以将商品融入生活，通过生活方式进行推荐，如众多女装类主播进行的以穿衣搭配为内容的直播。

3. 社群价值捆绑

淘宝直播的粉丝经济运营除了在直播平台，还可以将粉丝引流到社群，让粉丝和社群价值进行捆绑。

4. 增强互动

淘宝主播要善于和用户进行互动，引发用户点赞、评论、关注，这样能吸引用户长时间观看。

5. 多渠道推广

充分利用社交媒体推广自己，经过更多的渠道展现，让更多的人看到直播内容，如在微博、微信、贴吧以及各大论坛推送直播地址的二维码、链接，重视淘宝达人账号抽奖，利用淘宝直播抽奖等活动迅速"吸粉"。

6. 重视直播后的维护

最大化留存用户，实现再次或多次营销。每次直播结束后，把直播中好玩有趣的内容和商品在微淘、社区里进行二次沉积。

▶▶▶ 三、淘宝直播的开通规则及合作方式

1. 淘宝直播开通规则

开通淘宝直播的步骤如下：打开 PC 端淘宝网首页，先入驻淘宝达人，通过网络搜索"达人召集令"，单击进入即可；然后发布帖子，寻找店铺粉丝；当发布内容超过 5 条、粉丝数量超过 100 人、内容质量分超过 20 分后，可以申请成为"大 V"，成为"大 V"后，发布一条视频内容，可以是介绍自己也可以是介绍自己做的其他工作，但是必须要符合视频内容规范；发布完视频后，在淘宝达人后台"达人成长"里申请"淘宝直播"权限，审核时间一般为 7 个工作日，遇到法定节假日顺延，同时无论是否通过权限开通，商家都能够在申请的端口看到通知。

根据淘宝官方公布的直播招募信息，淘宝商家需要满足以下条件才能开通直播功能。

（1）店铺拥有四万名以上粉丝。

（2）上传 3～5 个微淘视频广播，提交开通直播报名审核，每月 1 日至 5 日进行开通。

（3）提交前需确认提交的行业或者特色市场；若不满足或者错填，不予开通直播功能。

（4）直播会进入淘宝直播广场页面"掌柜播"中，商家需严格遵守《淘宝微淘平台管理规范》。

（5）直播功能开通后，每月至少有一次 30 分钟以上的直播。

直播的玩法主要包括商品卡片特效、边看边买、发优惠券、发红包、直播间抢购、团购等。

2. 淘宝达人合作方式

由于淘宝直播的要求门槛较高，有人力、物力、财力的限制，部分中小商家无法开展

淘宝直播营销活动。因此，"博导商城"运营人员决定根据自身需要寻找一些淘宝"达人"进行合作，开展淘宝直播营销。以下是"博导商城"运营人员搜寻淘宝达人的方式。

（1）用手机在淘宝直播各行业频道里找一些推荐相关产品的账号，直接点击账号头像，通过旺旺进行联系。

（2）通过阿里V任务平台发布寻找直播"达人"的招募贴，如图8-29所示。

图8-29 直播"达人"招募贴

在寻找"达人"合作时要注意以下几点。

（1）自身商品过硬。如果商品符合"达人"推广的调性，店铺动态评分（Detail Seller Rating，DSR）也满足条件，那么淘宝"达人"可能自己就会上门招商。

（2）不看粉丝数只看活跃度。淘宝"达人"毕竟属于新鲜事物，行业规则不够明晰，很可能存在粉丝数靠"刷"出来的"空壳达人"，这类"达人"还价格不菲。官方不允许任何"达人"向商家私下收取任何费用，"达人"推广只收取既定佣金。

（3）淘宝"达人"都有专属属性。选择属性相符的"达人"很重要，如女装商家就找搭配师合作，母婴卖家就找母婴"达人"合作，食谱生鲜卖家就找美食"达人"合作。

同步实训

一、实训概述

本次实训为移动淘宝营销实训，学生通过对本项目的学习，能够利用相关工具进行微淘内容发布、淘宝头条内容编写、短视频及直播的策划与实施。

二、实训素材

1. 安装有基本办公软件与视频剪辑软件的计算机设备；

2. 智能手机实训设备；

3. 视频拍摄工具、产品及场地。

三、实训内容

学生分组，并选出各组组长，以小组为单位进行实训操作。在本实训中，学生将以办公用品店铺为背景进行产品"种草"及产品选择教程编写，短视频及直播内容策划与实施。

1. 微淘应用

学生根据所分配到的产品类型进行微淘上新内容设计，完成表8-1的内容填写。

表8-1 微淘上新内容

产品	产品配图	上新描述

2. 淘宝头条应用

学生根据所分配到的产品类型编写一条淘宝头条内容，完成表8-2的内容填写。

表8-2 淘宝头条

标题	
副标题	
所选产品	
这篇文章想对粉丝说什么	
正文	

3. 淘宝短视频

学生根据所分配到的产品类型策划一条营销短视频，并进行短视频拍摄，完成表8-3的内容填写。

表8-3 短视频策划

短视频类型	
所选产品	
短视频拍摄脚本	

4. 淘宝直播营销

学生根据所分配到的产品类型策划一场短视频营销活动，并进行直播实施，完成表8-4的内容填写。

表8-4 直播策划

直播栏目	
直播主题	
直播内容拟定	
推广渠道	

巩固提升

一、单选题

1. 以下关于微淘说法正确的是（　　）。
   - A. 微淘属于内容运营平台
   - B. 微淘不可以发布视频内容
   - C. 微淘的运营者只能是平台商家
   - D. 微淘可以发布用户互动内容

2. 微淘发布的内容形态和形式不包含（　　）。
   - A. 10分钟以内的短视频
   - B. 商品"种草"内容
   - C. 商品上新内容
   - D. 用户评价

3. 以下关于淘宝头条说法正确是（　　）。
   - A. 淘宝头条内容商家和达人可以任意发布
   - B. 淘宝头条内容可以由买家发布
   - C. 商家优质的微淘内容可能会被选取到淘宝头条
   - D. 淘宝头条内容只有在移动端才能看到

4. 淘宝短视频不会被推荐到（　　）。
   - A. 淘宝头条
   - B. 淘宝直播
   - C. 爱逛街
   - D. 每日好店

5. 以下关于淘宝直播说法正确的是（　　）。
   - A. 淘宝直播可以在PC端发起
   - B. 用户可以在抖音上看淘宝直播
   - C. 淘宝直播只有商家才可以发起
   - D. 在淘宝开直播必须进行商品推荐

二、多选题

1. 微淘的内容类型包括（　　）。
   - A. 店铺上新
   - B. 好货"种草"
   - C. 洋淘秀
   - D. 主题清单

2. 优质淘宝短视频内容可能会被推荐到（　　）。
   - A. 有好货
   - B. 淘宝直播
   - C. 淘抢购
   - D. 必买清单

3. 如果商家想进行淘宝直播，但是没有权限，可以找到主播合作的地方有（　　）。
   - A. 阿里V任务
   - B. QQ群
   - C. 贴吧
   - D. 钉钉群

三、简答题

1. 微淘的内容形式有哪些？
2. 淘宝短视频的类型包含哪些？

四、讨论题

"博导商城"淘宝店如果进行直播，可以考虑哪些内容形式，请说出你的理由。

五、操作题

选择一款商品拍摄一个商品短视频。

项目九
移动社交媒体营销

移动社交让商业运营的门槛更低，交易双方距离更近，信任度更强，从而实现了更高的转化率，赢得了众多企业的青睐。移动社交电商符合互联网未来发展的新趋势，在现在"众分享、惠生活"的契机下，通过社交群体的分享互动满足越来越小众化、个性化的用户需求逐渐成为潮流。

学习目标

知识目标

1. 认识移动社交电商；

2. 了解常见的移动社交媒体；

3. 了解垂直社交相关概念；

4. 熟悉垂直社交营销的具体应用。

能力目标

1. 掌握移动社交媒体的具体运用；

2. 掌握今日头条等社交媒体的内容编辑方法；

3. 能够完成今日头条营销策划与实施。

项目情景

"赣南鲜橙"是江西当地一家以销售赣南脐橙为主的淘宝店铺。除了使用微信、微博等平台，店主小王还抓住了移动社交的优势，准备通过其他社交媒体，如今日头条来进行店铺的进一步推广和宣传。

任务一　移动社交营销认知

>>> 一、认识移动社交电商

移动社交电商是基于移动互联网的空间，以社交软件为工具，以人为中心、社交为纽带的新商业，是共享经济时代电商发展的必然产物。

移动社交电商，不仅仅是移动化的电商，更核心的是人与社群、人与人通过移动互联网拥有了更方便快捷的社交方式。社交通过互联网将人们的关系链进行了无限的放大，口碑和分享就像空气一样在移动互联网上无处不在。商家通过这些移动互联网带来的新优势，可以更好地连接、培育、服务用户。让商业效率在数字化运营后得以极大的提升，让服务更加全面且及时弥补传统业态时空上的缺陷，让人们享受更多的差异化体验。

企业的竞争正从全面供应链的竞争走向需求链的竞争。企业采用面向用户的交易方式（Business to Customer，B2C），就是走进消费过程，走近用户的生活方式，构建企业与用户之间的社交关系。在此基础上，调动企业的资源、人才、关系、知识和条件，为用户贡献价值。企业通过移动社交模式，深化与用户的一体化关系，从而让销售变成自然而然的结果。

▶▶▶ 二、移动社交媒体认知

移动网络的普及和升级、手机技术的进步使得"社交"变得多种多样，聊天、论坛、才艺分享等形式是时下较为流行的社交 App 类型，这些社交媒体与传统社交应用最大的不同在于通过多样形式拓展人们社交的范围，促进陌生人社交的发展，进而为社交营销开辟道路。

小王在对移动社交电商有了基础认知之后，开始逐一对以下主要的移动社交媒体进行了解。

1. 知乎

知乎是一个以知识分享为媒介的知识社交平台，知乎的移动端产品包括知乎移动客户端和知乎日报。

（1）知乎移动客户端

在知乎社区里，拥有丰富职业背景的用户通过知乎所提供的基础功能，包括问答、专栏、知乎圆桌等形式，方便、高效地创建、组织、编辑和分享真实、优质的知识和经验。借助知乎独特的社会化机制，用户可以自如地创建问题，参与整个社区的公共编辑，彼此激励，提供高质量的内容；也可以创建和编辑话题，将优质知识更高效地组织起来，以针对更大范围的用户发挥更长远的价值；用户在知乎社区还可以关注自己感兴趣的人，通过评论、回复、赞同，彼此互动，建立更深入、更真实的人际关系网络，如图 9-1 所示。

（2）知乎日报

知乎日报是知乎推出的一款资讯类客户端，每日提供来自知乎社区的精选问答，还有国内众多媒体的专栏特稿，如图 9-2 所示。

2. 陌陌

陌陌是一款开启陌生人之间的社交，以地理位置为纽带，为陌生人之间搭建沟通桥梁的移动社交 App。

图 9-1　知乎 App（安卓版）首页

图 9-2　知乎日报 App 首页

陌陌为了建立起一个有趣且互动性强的社交平台，专门为用户提供附近活动、到店通、陌陌直播三个核心的功能以提高应用的趣味性。

（1）附近活动

附近活动创意十足且实用，用户可在陌陌 App 端点击"附近群组"按钮，通过地理位置查找最新活动，活动类型包括音乐、戏剧、电影、聚会、讲座、展览等，同时平台还显示了活动的时间、地点、距离、价格等信息，方便用户开展社交。在附近群组页面，用户可以搜索附近群组，通过兴趣找到组织，认识有趣的朋友们，如图 9-3 所示。

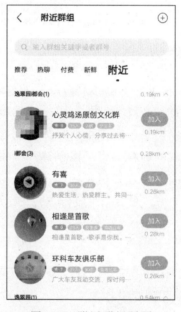

图 9-3　附近群组页面

陌陌应用通过附近活动的兴趣圈，建立群组，使本来一对一的陌生人关系，重组为一对多、多对多的关系，而且是基于地理位置与兴趣的连接，这种关系对用户更有吸引力。

（2）到店通

到店通开启了移动社交商业的全新模式。它是陌陌为线下商家提供的线上广告投放平台，商家可按照地理位置进行精准投放，并且和用户实时互动。到店通申请页面如图9-4所示。

图9-4　到店通申请页面

到店通是陌陌在移动商业化领域的又一次大胆尝试。它从广告展现形式、用户操作方式、投放结算方式上进行创新，开启全新的移动社交商业模式，为用户提供本地生活服务及更完善的社交体验。为了保证良好的用户体验，商家只能接收来自用户的对话请求，不能主动与周围用户发生对话。对于整个陌陌平台来说，这是以规范的模式来疏导营销需求，有效规范、管理整个平台的商业信息，避免不良信息对用户造成骚扰。

（3）陌陌直播

陌陌直播主打功能是附近人的直播，延续了陌陌自身的陌生人社交特色。陌陌直播页面如图9-5所示。

图9-5　陌陌直播页面

陌陌本身就有很多兴趣群组，以前群组用户的交流是通过文字、图片、视频进行的，现在用户在群里的交流有可能是通过直播的方式进行的。这和传统秀场、传统的独立直播平台本质上不同的是，主播与观众的关系不再是单向的，二者之间的社交关系有着非常丰富的属性，提高了主播和观众、观众和观众之间的互动关联性。

另外，陌陌在观看直播上丰富和完善了很多功能，如连线功能，让用户与主播同框、进行一问一答的互动，上下滑动切换直播间，小窗功能等。这些无一不着眼于给用户提供新鲜的观看体验，有利于用户沉浸于直播内容里，带来更多互动的可能性。

3. 唱吧

唱吧是一款将提供视唱空间的场所搬到手机上的娱乐社交媒体。唱吧 Logo 如图 9-6 所示。

图 9-6　唱吧 Logo

以往的社交媒体都是以语言交流为核心，而唱吧则是通过比拼唱歌的方式搭起人与人之间沟通的桥梁，让陌生人之间的沟通不会那么生疏。唱吧内置混响和回声效果，可以对用户的声音进行修饰美化。唱吧应用中除提供伴奏外，还提供了伴奏对应的歌词，比拼唱歌时可以同步显示，并且可以精确到每个字。唱吧中还提供了有趣的智能打分系统，所得评分可以分享给好友对决。

唱吧 App 能够吸引到很多用户，主要依靠优质体验、唱歌免费两大特点及服务。

（1）优质体验

唱吧适应当下潮流，比较注重社交化分享。用户可以绑定自己的 QQ 号和微博，把自己的作品同步到 QQ 空间和微博，唱吧主页营造出来的社交氛围，增加了用户间的直接互动。

唱吧内部建立起来的社交圈，不仅面向用户自身的朋友，还包括广泛使用这款软件的用户。在自己唱歌之余，用户还能够欣赏他人的作品，还原了多人比拼唱歌的感觉。同时，用户在听对方作品的时候，还可以与对方"互粉"，给对方评论或"送花"，增进友谊。用户也可以自己创建主页，随着慢慢积累，等级会不断提升，也会获得不同的称号。

（2）免费唱歌

唱吧给用户提供了一个免费点唱的环境。相比之前其他软件存在歌曲量少、免费点唱的歌曲比较少等问题，唱吧这款软件简单好用，可唱歌曲数量多。用户可以通过"最热 K 歌榜"和"歌星点歌"来搜索想要唱的歌曲，同时歌星按姓氏首字母划分，更易于用户查找。用户也可以通过"拼音点歌"功能输入歌曲全称、歌名首字母或关键词，搜出想要演唱的曲目。同时，这款软件还支持演唱手机里的歌曲。

点播歌曲后，首先会下载歌曲，已经点过的歌曲以后无须联网即可演唱。插上耳机，用户便可以录制自己唱歌的声音，分享到社交网络上。唱歌时，用户会发现这款软件支持原唱与伴唱，同时打分系统可以对用户的演唱情况做一个评价。

任务二　垂直社交营销

一、认识垂直社交

垂直社交是社交网站在发展过程中所产生的一种模式，其特征是通过一个群体的共同特点对用户进行有效推荐，吸引相对固定圈子的用户。例如，以读书、电影、音乐汇聚用户的豆瓣和知识类社交平台知乎，都是垂直化社交网站的典型代表。

社交的核心是解决人的需求，以新浪微博为代表的一批大型社交网站的目标是解决大多数用户的需求。这种综合类社交网站的用户来源复杂，需求分散，难以分析。网站很难细化推送更专业、个性化的内容，导致用户的个体需求实际上处于被压制的状态。

相比于综合类社交网站，垂直社交可以很好把握某些特定领域的用户，兼顾用户的个性需求，这也是垂直社交的核心优势所在。垂直社交几乎就是带着商业模式出生的。以母婴、图书、电影、体育等领域形成的垂直社交，在诞生之初就已经完成了用户的筛选和定位。

今日头条是典型的垂直社交平台，近几年渐渐从内容发布向媒介联盟广告平台聚变，覆盖多类用户，以多入口联合，最终实现了对垂直领域的降维打击。接下来，小王打算借助今日头条实施社交营销。

二、今日头条营销

1. 认识今日头条

今日头条是一款基于数据挖掘的推荐引擎产品。它为用户推荐有价值的、个性化的信息，提供连接人与信息的新型服务，是国内移动互联网领域成长最快的产品服务之一。今日头条基于个性化推荐引擎技术，根据每个用户的兴趣、位置等多个维度进行个性化推荐，推荐内容不仅包括狭义上的新闻，还包括音乐、电影、游戏、购物等资讯。今日头条 App 首页如图 9-7 所示。

通过移动端获取资讯的用户年龄段主要在 24～30 岁，数量庞大，也是目前对互联网消费方式接受度较高的人群。今日头条四分之三的用户属于"85 后"，"85 后"群体是现在和将来推动产生新兴消费方向、消费升级的主力。

今日头条在当下拥有了颇为庞大的用户基础和较高的用户黏性。兴趣阅读产品依旧是今日头条最大的标签，其聚合各色内容，吸引用户使用、停留。此外，今日头条在开放式社交产品中已有尝试。在今日头条 App 的微头条中，用户可以自由发布内容，也可与用户进行互动，如对关注者所发布的内容进行点赞、评论与转发，其形态与微博十分相似。当下的微头条吸引了众多领域的"大 V"、产品的官方号入驻，而且在内容更新上十分活跃，微头条成为它们的又一个极具影响力的营销阵地。

图 9-7　今日头条 App 首页

（1）产品矩阵

① 头条号

今日头条推出了开放的内容创作与分发平台——头条号，如图 9-8 所示。

图 9-8　头条号页面

头条号是针对媒体、国家机构、企业以及自媒体推出的专业信息发布平台，致力于帮助内容生产者在移动互联网上高效率地获得更多的曝光和关注。

② 微头条

微头条是今日头条面向所有用户推出的短内容发布工具，头条号作者可通过微头条，随时随地发布身边有趣的新鲜事，如图 9-9 所示。

图 9-9　随时随地发布内容

③ 西瓜视频/抖音火山版/抖音

短视频作为快餐类信息传播的介质之一，是兵家必争之地，它对于头条的战略意义不言而喻。目前今日头条下有西瓜视频、抖音火山版、抖音。西瓜视频主要以专业生产内容（Professional Generated Content，PGC）为主；抖音火山版和抖音主要以 UGC 为主。

（2）商业模式

互联网产品变现的方式总体上有三种：广告、电商及游戏。由于掌握了大量的用户数据，今日头条能够根据用户的具体画像实现广告的精准投放。今日头条信息流广告页面如图 9-10 所示，今日头条店铺页面如图 9-11 所示。

图 9-10　今日头条信息流广告页面

图 9-11　今日头条店铺页面

2．注册今日头条号

今日头条账户的申请既可以在 PC 端又可以在移动端完成，其申请步骤基本一致。这里小王选择了在 PC 端建立账号。

步骤 1：在 PC 端打开浏览器，使用百度搜索引擎搜索"今日头条"，然后单击官网进入今日头条主页，如图 9-12 所示。

图 9-12　搜索今日头条

步骤 2：单击今日头条主页右上方的"登录"按钮，如图 9-13 所示，进入手机号登录/注册页面。

图 9-13　今日头条主页

在手机号登录/注册页面输入手机号并获取验证码即可完成注册并登录。一个手机号仅能注册一个头条号，也可以使用其他社交账号登录，如邮箱、QQ、微信等，如图 9-14 所示。

步骤 3：登录成功后，单击右上方的"头条产品"中的"头条号"按钮，如图 9-15 所示。

图 9-14　今日头条登录界面　　　　　　　　　图 9-15　头条号

进入头条号后，选择入驻类型，以个人用户为例，进行入驻资料的填写，如图 9-16 和图 9-17 所示。

图 9-16　入驻类型选择

图 9-17　头条号入驻资料填写

具体填写内容可参考如下。

① 账号名称：赣南鲜橙。

② 账号介绍：赣南脐橙果大形正、橙红鲜艳、光洁美观。

③ 账号头像：可选择色泽鲜艳且品质优良的赣南脐橙实物图，图片需保证清晰无水印，图片大小最大为 5MB。需要注意的是，请勿使用二维码作为账号头像。

步骤 4：完成头条号的注册后，页面会自动跳转至头条号的后台，在该页面可以进行内容的发布、管理、分析等操作，如图 9-18 所示。

图 9-18　头条号后台页面

3．头条号内容策划

在建立了自己的头条号后，小王接下来分别从以下 3 个方面展开头条号的内容策划。

（1）发文频道：在今日头条资讯涵盖的 20 多个领域中，小王首先需要根据店铺的产品选择自己发文要涉及的领域，因"赣南鲜橙"店铺主营赣南脐橙，小王选择在美食频道进行发文，更方便目标群体接收营销信息，如图 9-19 所示。

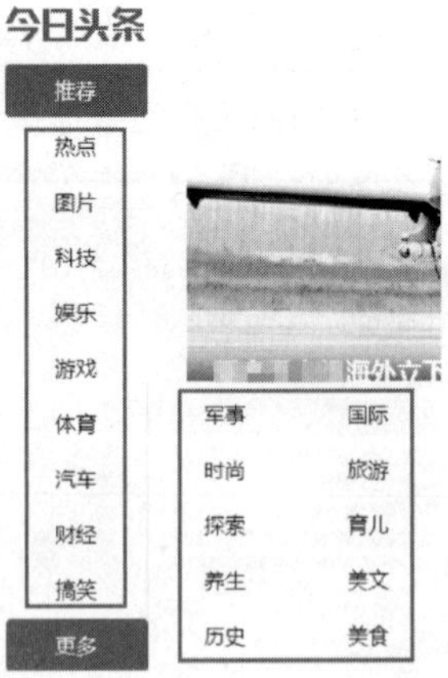

图 9-19　今日头条发文频道

（2）发文方案：小王确定自己在该平台发布文章的具体安排，例如安排一周发三篇文章。

（3）观察平台：在发文前可以在平台搜索学习发布类似内容的账号，总结他人经验，减少自我摸索的时间，减少犯错的概率。

确定了发文频道和发文方案后,小王需要根据以下步骤完成头条号内容策划的操作。

步骤 1:明确选题类型。根据选定的发文频道,进一步明确选题类型。在进行这步操作时,小王需要通过广泛搜集资料,从多方面了解常见的选题类型,并进一步明确不同选题类型所具有的开发特色,如表 9-1 所示。

表 9-1 选题类型及开发特色

选题类型	开发特色
常规选题	
热点选题	
系列选题	
专项选题	

步骤 2:确定选题方式。根据上述搜集的选题类型确定选题方式。确定选题方式时,小王需要根据自己的特长或产品的特点选择合适的选题方式,如赣南脐橙的营销,就可以选择系列选题多角度、多层次展开营销。

步骤 3:确定选题内容。小王结合以下内容,确定最终选题。

(1)考虑目标受众:营销具有指向性,所以在确定选题时要充分考虑目标受众,并结合大部分受众的喜好,尽可能切中目标群体的痛点。

在今日头条进行产品营销,首先需要了解今日头条的用户画像。通过百度指数分析会发现鲜橙的目标群体年龄分布主要集中在 30~39 岁,如图 9-20 所示。

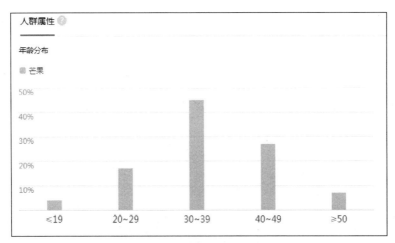

图 9-20 今日头条用户年龄分布

在性别分布中,女性占比稍高于男性,如图 9-21 所示。因此在营销内容策划时,要重点针对这部分人群展开。

(2)具有话题性:选题需要具备可操作性、时效性、话题性、传播性,这样才能在用户间形成传播效应。因为今日头条的用户偏年轻化,所以选题内容的设置还要考虑目标用户年轻化的特性,创造利于传播的内容,如"赣南脐橙免费吃,你敢来,我就敢送"。

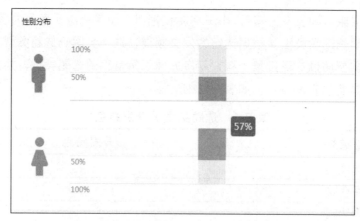

图 9-21　今日头条用户性别分布

（3）围绕主体：选题要与主体产品定位一致，不能生造概念，脱离主题。

4．头条号内容编辑

头条号内容策划完成后，小王通过以下步骤着手进行内容编辑。

步骤 1：进入今日头条首页，选择"头条产品—头条号"，进入头条号后台，选择"发头条—文章"，进行文章的编辑与发表操作。头条号的内容形式包括文章、图集、微头条、小视频和问答这五种，如图 9-22 所示。小王可根据之前的规划选择合适的内容类型，这里他选择通过图文并茂、生动活泼的叙述风格发表文章来向用户展示赣南脐橙的促销活动。

图 9-22　头条号后台

步骤 2：进入发表文章后台后，可先进行文章标题编辑，标题应控制在 5～30 个汉字，内容应言简意赅，主题明确清晰，这样更有利于机器判读文章所属的领域及对应的用户群并进行推荐，如图 9-23 所示。

步骤 3：内容编辑。在头条号后台进行内容编辑时，需要注意以下几点。

① 今日头条注重原创，大多数内容要求首发。

② 内容要与标题相关。

图 9-23　编辑标题

③ 今日头条中不可推广与微信相关的内容，如图片中带有微信二维码、内容中有微信公众号等。

进行内容编辑需要依次在编辑框中输入标题、正文，还可插入图片、文章链接、视频、音频、投票等丰富的文章内容，如图 9-24～图 9-26 所示。

图 9-24　正文编辑工具

图 9-25　插入图片

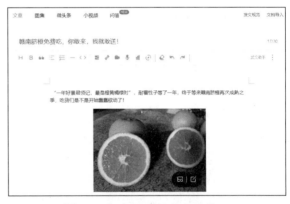

图 9-26　今日头条文章编辑

如果想要推送的文章存在网络链接，可以单击编辑框的"选择文章"选项，如图 9-27所示。

图 9-27　内部链接

步骤 4：为文章设置封面。封面可以设置单图、三图或自动（系统随机挑选），需要注意的是，封面图片均需来自于正文，如图 9-28 所示。

图 9-28　设置封面

步骤 5：发表文章。封面图片上传完成后，可选择设置"投放头条广告""不投放广告"等，如图 9-29 所示。

图 9-29　发表文章

文章发表成功之后，用户可在"文章管理"中看到发表成功的文章，也可以看到审核未通过的文章。

5. 头条号内容运营

在头条号内容运营部分，小王主要从制定内容发布规范、提升阅读量两个方面展开。

（1）制定内容发布规范

① 内容的规范

在今日头条中，一篇好的文章首先应该是一篇符合今日头条规范的文章。如果发布的文章不符合规范要求，则文章不会被系统推荐，进而无法提升阅读量。今日头条内容的规范主要体现在格式和内容两个方面，如图 9-30 和图 9-31 所示。

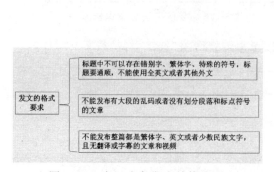

图 9-30　今日头条发文的格式要求

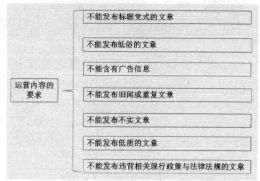

图 9-31　今日头条运营内容的要求

② 标点使用规范

优秀内容需要具备精确的用词和规范的标点。为此，今日头条官方出台了《标题中标点符号的使用规范》来规范今日头条作者的标点符号的使用，以提高读者的阅读体验。

（2）提升阅读量

今日头条采用系统推荐制。系统推荐越多，文章的阅读量会相应提高。一般来说，提升阅读量可从以下几方面着手完善。

① 合理的标题命名

一个好的标题无疑对文章的阅读量起着关键性的作用。对于一般的用户而言，标题命名需要紧扣内容，尽可能通过标题告诉读者文章的内容，进而吸引用户点开文章并做进一步的了解，但当不具备优秀标题的命名策略时，可以先将优秀标题作为学习范本进行模仿。

② 社交媒体矩阵推广

今日头条的阅读量分为站内阅读量和站外阅读量两种。为了提升站外的阅读量，小王需要将文章的链接通过微博、微信、QQ、论坛、百家号等其他媒体途径，进行进一步的推广，从而达到提升阅读量的目的。

③ 社群互推

加入一些可以互推的社群，通过社群的力量提升文章的阅读量。今日头条文章，系统前期推荐阅读的人越多，相应的后期推荐量就会越高，所以小王写完文章后，可以将其发送至社群，让文章被更多人看到。

④ 定时发送

任何一个资讯平台都有其集中阅读的时间段，因此选择恰当的时间发送文章至关重要。一般来说，当下人们的阅读时间主要集中在早高峰、午休、晚高峰以及人们晚上临休息前这四个时段，小王可以依据自己的文章内容选择最恰当的时间进行文章的发布。

⑤ 置顶文章

为了持续增加某篇文章的阅读量，可以将其置顶，如图 9-32 所示。

图 9-32　今日头条置顶设置

同步实训

一、实训概述

本实训为今日头条营销实训，内容包括建立今日头条号、策划头条号文章及内容编辑与发布，学生通过此次实训能够掌握内容策划和内容编辑的方法，培养学生独立建立账号并运用今日头条进行营销的能力。

二、实训素材

1. 安装有基本办公软件与制图软件的计算机设备；
2. 智能手机实训设备。

三、实训内容

学生分组，并选出各组组长，以小组为单位进行实训操作。

1. 建立今日头条号

学生独立建立今日头条号，并完成基础信息的填写，教师进行指导。学生可以申请个人类型的账号，并在移动端完成认证。

2. 策划今日头条号文章内容

学生可以从任何与该文章相关的角度切入，策划此次营销内容，在策划时需要重点注意标题的策划，这将影响到今日头条对于文章的推荐量。

步骤1：明确选题类型。

根据选定的发文频道，进一步明确选题类型。在进行这项操作时，学生需要广泛搜集资料，从多方面了解常见的选题类型，如常规选题、热点选题、系列选题、专项选题，并进一步明确不同选题类型所具有的开发特色，完成表9-2的内容填写。

表9-2　开发特色

选题类型	开发特色
常规选题	
热点选题	
系列选题	
专项选题	

步骤2：确定选题方式。

根据上述搜集的选题类型确定选题方式。确定选题方式时，学生可以根据自己的特长或产品的特点选择合适的选题方式。

步骤3：确定选题内容。

3. 编辑头条号文章内容

学生在已经完成认证的后台，进行文章编辑，注意图文结合，并设置好封面、链接、推广等信息，完成表9-3的内容填写。

表9-3　编辑头条号文章

文章标题	
文章类型	
图文编辑截图	

4. 发布头条号文章内容

内容编辑完成后，学生可通过设置发表、定时发表等方式完成此操作。

 巩固提升

一、单选题

1. 移动社交电商是基于移动互联网的空间，以（　　）为工具，以人为中心、社交为纽带的新商业。

　　A. 交友软件　　　B. 社交软件　　　C. 陌陌　　　　　D. 手机 App

2. （　　）是一个以知识分享为媒介的知识社交平台。

　　A. 唱吧　　　　　B. 陌陌　　　　　C. 知乎　　　　　D. 今日头条

3. 以下关于垂直社交的描述不正确的是（　　）。

　　A. 垂直社交是社交网站在发展过程中所产生的一种模式

　　B. 通过一个群体的共同特点对用户进行有效推荐，吸引相对固定圈子的用户

　　C. 以读书、电影、音乐汇聚用户的豆瓣和知识类社交平台知乎，都是垂直化社交网站的典型代表

　　D. 今日头条不是垂直社交平台

4. （　　）是今日头条面向所有用户推出的短内容发布工具。

　　A. 微头条　　　B. 头条号　　　　C. 发图文　　　　D. 提问

5. 以下对今日头条内容编辑时的注意事项描述不正确的是（　　）。

　　A. 今日头条注重原创，大多内容要求首发

　　B. 内容要与标题要相关

　　C. 今日头条中可以推广与微信相关的内容

　　D. 内容及图片中不可带有微信二维码及微信公众号等

二、多选题

1. 今日头条的产品矩阵包括（　　）。

　　A. 头条号　　　B. 微头条　　　　C. 西瓜视频　　　D. 短视频

2. 今日头条是由（　　）组成。

　　A. 搜索区　　　B. 标题区　　　　C. 浏览区　　　　D. 功能区

3. 头条号可以用以下（　　）方式登录/注册。

　　A. 手机号　　　B. 微博　　　　　C. 微信　　　　　D. QQ

三、简答题

1. 简述你对移动社交电商的认识。

2. 提升今日头条内容阅读量的方式有哪些？

四、讨论题

试分析今日头条的营销优势。

五、操作题

在移动端，注册一个知乎账号，并完成问答内容的设计与编辑。

参考文献

[1] 段建，安刚．移动互联网营销[M]．北京：中国铁道出版社，2016．

[2] 王忠元．移动商务基础[M]．北京：中国人民大学出版社，2018．

[3] 权金娟．移动电子商务[M]．北京：清华大学出版社，2016．

[4] 秦阳，秋叶．微信营销与运营[M]．北京：人民邮电出版社，2016．